水墨青花 刹那芳华

民国女明星的倾城往事

伊北 著

ZHEJIANG UNIVERSITY PRESS

浙江大学出版社　全国百佳图书出版单位

图书在版编目（CIP）数据

水墨青花，刹那芳华 ：民国女明星的倾城往事 / 伊北
著. -- 杭州 ：浙江大学出版社，2013.1
ISBN 978-7-308-10651-1

Ⅰ．①水… Ⅱ．①伊… Ⅲ．①女性－电影演员－生平
事迹－中国－民国 Ⅳ．①K825.78

中国版本图书馆CIP数据核字(2012)第226442号

水墨青花，刹那芳华：民国女明星的倾城往事
伊北　著

责任编辑	杨利军（ylj_zjup@qq.com）	
封面设计	项梦怡	
出版发行	浙江大学出版社	
	（杭州市天目山路148号　　邮政编码　310007）	
	（网址：http://www.zjupress.com）	
排　　版	杭州林智广告有限公司	
印　　刷	杭州杭新印务有限公司	
开　　本	640mm×960mm　1/16	
印　　张	15.25	
字　　数	190千	
版 印 次	2013年1月第1版　2013年1月第1次印刷	
书　　号	ISBN 978-7-308-10651-1	
定　　价	29.80 元	

自序

纵然梦醒时，荆棘似海

电影是一个梦，女明星便是最凄美的筑梦人。她们伴随着电影而来，是民国夜上海一道不可不看的风景，妖娆、亮丽，遥不可及，又近在身边。她们轻松取代了妓女和舞女们，成为都市人新的欲望对象。她们是人们嘴边永远的谈资。民国女明星，与上海的街道、建筑、月份牌、百货公司、舞厅、电影院一起，无争议地成为旧上海的一部分。只是，她们更生动、跳跃，也更百变、极端、歇斯底里。她们戏里戏外都是活的，像旧上海天空里的鸽子，呼啸着，历历而过。她们穿着旗袍、高跟鞋，梳着 S 头，夹着香烟，扭动着腰肢，也哭也笑，醉着生，梦着死，倒转，硬是在上海滩，踩出属于自己的一片天。她们是民国上海滩的一段沉香，浓烈又清幽，她们也是一场华丽的错觉，恍恍惚惚，也真也幻，刚好她们自己也做着梦。她们都是春宵梦里人。

不过，这些梦毫无疑问是被制造出来的，民国三大电影公司，都乐于制造自己想象中的"美梦"。女明星是大众头脑中的芭比娃娃，有事没事，想一想，便也很好。于是，电影公司找到了奋斗的方向。在明星电影公司的星群中，王汉伦是哀婉的，杨耐梅是放荡的，张织云是忧伤的，胡蝶最开始的定位则是"打女"；天一公司的老板娘陈玉梅，则被塑造成优质女星，热心公益，集种种传统美德于一身；联华公司则走文艺路线清新风，阮玲玉在明星公司要演坏女人，进入联华之后，则转身成为新文艺的悲剧女王；王人美演《野玫瑰》

《渔光曲》，从此成为野性淳朴乡女的代言人；黎莉莉则被定位成"体育皇后"。女明星身上的某一种特质，被电影无限放大，成为众人消费和膜拜的对象。可是，电影终究只是这些女明星身上的一个切片，在电影之外，她们还有跌宕的人生。

民国女明星们的故事好看，倒不仅仅因为她们能够提供那些隔几十年还依旧新鲜的"八卦"，更多在于她们所处的时代，刚好是中国现代女性解放大踏步前进的时候。作为最早一批抛头露面的女人，女明星的成名史，完全可以说是一部女性解放的历史。她们在冲向银海的路途中，都遇到了这样那样的问题，或遍体鳞伤，或折翼而返。在民国初年，女人去演戏，又是上银幕演戏，本来就有点破天荒的意思。任庆泰拍电影，演员都难找，更别说女演员。中国电影的第一个女演员严珊珊，去拍《庄子试妻》，多少有些像是去就义，她为了她爱的丈夫做出了牺牲，勇敢演出。严珊珊相当奇崛，拍电影之前，她曾是个革命者，参加过女子炸弹队。

当个女演员，也的确相当于一场革命。早期女明星殷明珠，最开始是个校花，她的电影生涯，是她社交成功的一种延伸，但她"触电"之后，立刻又回去当了一阵子护士，家庭的压力，不允许她继续在银幕上招摇。所以，一幕很奇特的景象出现了：早期成名的女明星们，往往是把演电影和反封建结合起来，打出家庭的桎梏，勇敢地在电影上找一条生路；又或者她们根本就无家可归，于是只好去演演电影。王汉伦是大家闺秀，因为家庭生活的不如意，自己出来谋生，演了电影；杨耐梅生于巨富，她为了演电影，不惜跟父亲决裂，做一代"艳星"；宣景琳堕入过烟花柳巷，拍了电影以后才赎身；陈燕燕去拍电影，她父亲命令她一辈子不许透露家族姓氏……

随着电影影响力的扩大，女明星逐渐成为一种符号，她们为人所追捧。但在银幕内外，她们都遭遇到了"生而为她"的困境。中国第一个真正意义上的电影女明星王汉伦，一生奋斗，演电影，开公司，办美容院，却最终还是被男人的世界吞没；杨耐梅，选择堕落，用自己的身体去抗争，企图颠覆原有的消费关系，但末了却流落香港街头行乞；张织云，开启了女明星和富商关系的课题，自己却不幸跌坠，无戏可演；陈玉梅嫁给了电影公司老板，一会被力捧，一会又自动"雪藏"；阮玲玉与小开、富商的关系耐人寻味，在电影世界里她是默片女王，在情感世界里她却是忧伤女仆，此外她与媒体的关系，也值得人深思；胡蝶够大气了，但还是免不了与特务头子纠缠；徐来告别影视圈，嫁入豪门，结果一不小心沾惹政治，干脆当起了业余间谍；王人美结婚离婚，进过两次精神病院；最行云流水的黎莉莉，为了拍电影，生完孩子三天就进片场；还有女明星蓝苹，挥别了浮华的上海，走向了素朴的延安——这个巨大转变，表明女明星们不是固定在银幕上的，而是与整个时代的脉搏一起，沉沉浮浮。

有趣的是，民国女明星们曾经以身相验的问题，到现在也还是有。与小开、富商的关系，与媒体的关系，"脱"与"不脱"的关系，与电影公司的关系，还有婚姻中无可避免的"女高男低"……所有的一切，发展到如今，更繁复了，看着更迷离了，但其核心总归有些共通之处。她们华丽绽放，也暗自神伤；她们宠爱加身，也无处躲藏。女明星从来都是那样一群人，漂亮给你看，富贵给你看，精彩给你看，同时，也常常容易破落给你看，跌倒给你看，心碎给你看，大起大落间，铸就出戏剧化的张力。她们同时在演着两出戏，一出叫电影，一出叫人生。因为，从来都是：人生如戏，戏如人生，谁都不过是，醒了梦，梦了醒。

目 录

001　初见 · 北京的西洋镜【@任庆泰】

015　汹涌 · 那些年，两个人的大上海【@张石川 @郑正秋】

036　蓓蕾 · 暗黑的花【@早期女明星】

059　红颜 · 制造鸳鸯蝴蝶梦【@明星影片公司】

081　飘摇 · 娜拉的奋斗路【@王汉伦】

098　沉溺 · 撕生活【@杨耐梅】

108　情戒 · 一个苍凉的手势【@张织云】

120　绽放 · 你是浊水我是荷花【@宣景琳】

127　起落·柔软的力量【@胡蝶】

141　双赢·娶一个女明星【@天一影片公司】

150　洗尘·文艺范儿的失败与伟大【@联华影片公司】

163　明灭·女王与女仆【@阮玲玉】

184　逆风·一个女孩的朝圣途【@陈燕燕】

191　叠影·化身姑娘【@袁美云】

200　惊魂·飞扬与安稳【@徐来】

209　缠绕·家的梦魇【@周璇】

221　流转·"野玫瑰"的成名与不幸【@王人美】

230　相望·一个世纪的行云流水【@黎莉莉】

初见·北京的西洋镜【@任庆泰】

1

1905 年，位于北京琉璃厂土地祠的丰泰照相馆，已经独立营业13 个年头了。这天，老板任庆泰稳当当地站在店门口，戴着小帽，没准还抽着烟，心里不由得有些得意。当年立下的"干实业"的理想，现今已然实现，他不仅拥有一个蜚声京城的照相馆，旗下囊括照相技师及学徒 10 余人，还在前门外大栅栏开了一家大观楼影戏园，专门放外国电影，堪称一时之景。虽然任老板的丰泰不是国内第一家照相馆，但京城头牌，他任庆泰认第二没人敢认第一！谁给慈禧太后老佛爷照过相？谁是皇亲国戚的御用摄影师？非他任庆泰莫属！他拍照片，上至皇亲国戚，下至戏曲名伶，无一不认可。有慈禧太后御赐的二品顶戴花翎作证，哪里有假？他在大栅栏放电影，也常常是万人空巷，弄新鲜玩意儿，他任庆泰是专家。

可是，1905 年，呼风唤雨的摄影店任老板也开始有些愁眉不展了。他的大观园影戏楼没片子可放了。要知道，1905 年，距离法国巴黎的卢米埃尔兄弟拍摄世界上的第一部电影《火车进站》也不过刚刚 10 年，好莱坞还未形成，电影也还没作为一个文化产业登上历史舞台，想搞足够多的外国片子来放，是有难度的。更何况，西洋人的片子放多了，北京的看客们可能先是觉得新鲜，看个热闹，过后难免觉得乏味——这东西离当时观众的生活太远了啊，哪里有什么民族气派？于是一向敢于吃螃蟹的任庆泰开始有新动作——他想要自己拍电影，拍中国自己的电影。至于怎么拍，还是洋务派那个老观点管用：师夷长技。

任庆泰

那段时间的任庆泰，无疑是忙碌的，黑道白道，只要是知道的能够接触电影新技术的路子，他都走。他听说天津和上海的租界里有洋人在放小电影，便想方设法花钱、行贿，买通有关人员，偷偷地潜入租界，观摩、问询、学习，又买了一架法国制造的木壳手摇摄影机及胶片14卷，潜心研习，静静地等待时机，准备拍摄他的影戏处女作。

中国的首部电影最终诞生在任庆泰手里，是偶然。而任庆泰走上电影之路，似乎又是偶然中的必然。说任庆泰的传奇故事之前，我们首先应该明白，电影是从照相技术中发展而来的，而照相在晚清时代，又是一种实业。从实业的角度来看任庆泰的电影传奇，更容易看出其中的必然性。

提起英国，人们总说，英国绅士。其实，恰相反，这个国家崛起的过程可以说一点也不绅士，是非常肮脏的。英国是个不大的岛国，没什么资源，在鸦片战争之前，它在和大清国的贸易交换中，一直处于逆差状态。欧洲人需要中国的瓷器、茶叶、丝绸，可中国人几乎不需要什么英国制造的东西，说中国地大物博，虽然有点过于夸饰之嫌，但当时的情况确实如此：经济体制上，大清帝国还是个农业国，是自然经济，自给自足，无需它助；政治体制上，大清闭关锁国，大做白日梦，虽然颇有点阿Q精神，但确实更促使中国成为一个自我循环的庞然大物。

如此一来，英国人急了，眼见一块肥肉吃不得，大清国你油盐不进可不行啊！于是，英国人开始想歪主意了：什么东西是让人用了还想用的呢？他们急需找寻一种具有成瘾性特质的商品，来赚取中国的白银。历史性的机遇面前，鸦片这个原本泛置于药用的黑糊糊的东西，大摇大摆地登上了历史的舞台。

那是一个英国商人罪恶狂欢的时代。中国的南部沿海，成了鸦片走私的"黄金海岸"。道光即位之初，鸦片的走私量在4000箱左右，到了道光十八年（1838）猛增至400200箱。宽口径的鸦片流，像一只巨大的蚂蟥，吮吸着古老中国的精血，白银外流，财政短绌，国民萎靡。清政府的领导层也不是傻子。这种有百害而无一利的事，禁烟势在必行。就在这个历史潮头水花四溅兵荒马乱的节骨眼上，一个英雄出现了。他就是林则徐。

2

林则徐是个急脾气。他也知道自己这个"毛病"，为提醒自己不要发火，他还曾请人写了"制怒"两个大字挂屋子里，以自警醒。但，全没用。1837年至1838年之际，林则徐已经过了"知天命"的年纪，按说应该平和处世，兀自安然。可是这一回，他还是怒了。其实林老爷子从1823年正月赴任务江苏按察使（有点类似现在纪律检查官员），就开始严打鸦片，经验不是一般的丰富。1938年，时任鸿胪寺卿（相当于外交官）的改革派名臣黄爵滋奏了一本，仔细说明了银两外漏与吸食鸦片的关系，并且希望朝廷判吸食鸦片者死罪，以示禁烟决心，一时间朝野为之哗然。道光帝组织大家讨论。眼看万事俱备，时任湖广总督的林则徐站出来了，他就是那一缕东风。

林则徐对道光帝说，鸦片之所以屡禁不止，是因为以前没能"严禁"（类似于现在的"严打"）。一边是明修栈道，一边是暗度陈仓，一面是禁止的天书下达，一面是外商烟船勾结巡海兵弁，真是上有政策，下有对策，结果烟毒是越禁越凶，不严打实在不行了。林则徐发出警告："若犹泄泄视之，是使数十年后中原几无可以御敌之兵，且无可以充饷之银。"道光听了这话，可能不由得要出一头汗。可了不得。一个国家正常运转的两条重要臂膀——军事实力和经济实力，如果都遭重创的话，那这个国家的末日估计也就不远了。道光帝还不算太昏庸。他连续召见了林则徐8次，内心七上八下打了许多次鼓，终于在林则徐强大的气场和伶俐的口才面前，拨云见日，看清局势，并委派林大老爷为钦差大臣，南下广东禁烟。

接下来的故事可谓家喻户晓（见诸中学历史课本）。雷厉风行的林则徐命令外国烟贩交出鸦片，按期不交的，二话不说全部没收。英国烟贩子一通挣扎过后傻眼了，这回来真的了。他们只好眼看一箱箱的鸦片被没收。1839年6月3日，林则徐在虎门海滩竖起了硝烟的战旗。围栏高筑，烟坑深挖，灌入海水，倒进石灰，就在水与石灰融合起化学作用，咕嘟嘟沸腾的时候，鸦片被悉数投下，彻底销毁，大快人心。虎门销烟，浓墨重彩，痛快淋漓，深深地在近代史上刻了一痕。

林钦差带领众人大干了20天，销毁鸦片19719箱、2119袋，总重达2376245斤，严打力度之大，前所未有。为了防止英国人报复，林则徐还不忘整顿海防，牢固炮台，训练水兵，严阵以待。更难能可贵的是，他还谨记"知己知彼，才能百战不殆"的古训，开始组织人翻译西方的图书报刊，作为参考资料。战略上藐视，战术上重视，"睁眼看世界"，林则徐不愧开风气之先。他的种种举措，直接启发了后来的洋务派。

林则徐的估算一点没错。英国的鸦片贸易出了问题，不只影响到了烟贩子的钱袋子，还消损了大英帝国上层的利益。英国政府不干了。断人财路，等于杀人父母，英国人还指望着鸦片给他们赚外汇呢。一阵喧嚣后，英国开始派兵侵略中国。

1840年6月，由48艘舰船、陆军4000人、海军两三千人组成的"英国远征军"封锁了广州的珠江口，鸦片战争爆发。7月5日，英军进攻舟山定海，第二天早晨便攻了进去，定海知县投水自尽，定海水师9分钟内全军覆灭，而英军舰船仅发3弹，无人员伤亡。定海的失守，似乎注定了清政府再无"安定海洋"之日。其后，无论是英军的进攻，还是清政府官员的斡旋，都像是一出出丑剧。打打停停，停停打打，偌大一个清政府，被英军折腾得死去活来。

朽腐的大清国，像一道年久失修的堤坝，一队小河鼹打了洞，它就有点吃不住压力了。跟英军作战，清政府是屡战屡败。反倒是三元里民众的反击，还了英军以颜色，只可惜，这样的反抗，在清政府的负面干预下，也只是扬汤止沸。

英国军队像一条疯狂的蟒蛇，在中国大地游走。道光帝吓坏了，当年9月就革了林则徐的职。第二年战事越来越坏，林则徐又被上头怪罪，被发配新疆伊犁。1842年，英国军队攻陷镇江，切断京杭大运河，一路杀到南京城下。清政府彻底丧失信心，犹如惊弓之鸟，惶惶然在英军的炮口下签订了丧权辱国的《南京条约》，割让香港岛，赔偿2100万西班牙银元，开放广州、厦门、福州、宁波、上海5个通商口岸，同时英国还享有协议关税特权。至此，大清帝国江河日下，烂摊子越来越不可收拾，而英国殖民者却凭借坚船利炮，为自己罪恶的鸦片贸易大开方便法门，给别国民众造成了极大痛苦。

　　可即便这样，西方列强的贪欲已经没有得到满足。1854 年，《南京条约》届满 12 年。英国想要修改条约，获得更大特权，攫取更多的利益，清政府拒绝。1856 年，《望厦条约》届满 12 年。美国要求修改条约内容，清政府再次拒绝。两次拒绝大大激怒了西方列强。很快，他们便随便找了一个根本不叫借口的借口（"亚罗号"事件），发动了第二次鸦片战争。此时清政府内忧外患，一面要镇压野火烧不尽的太平天国和捻军起义，一面又要对付洋鬼子，根本没这个精力。而且，经过第一次鸦片战争，清政府对西方人的坚船利炮也是心有余悸，于是对于洋人，他们是采取"息兵为要"的方针，十足的鸵鸟样。结果，曾经残酷镇压广东天地会起义的两广总督叶名琛奉行清政府的旨意，对于来犯广州英法联军采取"不战、不和、不守、不死、不降、不走"的策略，而且还自备粮食，耻食敌粟。他被英国人抓到了印度的加尔各答囚禁，绝食而死，堪称鸦片战争令人惊愕的注脚。同第一次一样，第二次鸦片战争清政府完败，签订不平等条约，割地赔款，丧权辱国得一塌糊涂。它们像两记响亮的巴掌，热辣辣地打在清王朝的脸上。对于统治阶级来说，第二次鸦片战争效果有二，一部分人继续麻木，依旧认为自己是天朝上国，该怎么过还怎么过；还有一部人被这两巴掌扇得疼了，开始觉醒，虽然这觉醒的最终诉求，是为了统治阶级能够继续安安稳稳梦下去。

3

　　两次鸦片战争让清王朝的年景一天天坏下去。清王朝的统治也开始摇摇欲坠。咸丰这个皇帝很倒霉。当了 10 年的皇帝，起头遇到太平天国起义，末尾遭遇英法联军进攻帝都（攻陷通州八里桥）。1860 年的秋天，咸丰被英法联军吓得逃往热河避难。偌大北京城，只留下他同父异母的弟弟恭亲王奕䜣处理"和谈事宜"。奕䜣是个老滑头。对外,他苟且,《天津条约》《北京条约》都是他参与订立 的。对内,他残酷。1891年8月,咸丰帝病死热河。奕䜣联手一个女人,利用北京一带的兵力发动政变,挤掉了以肃顺为首的当权派,掌控了清政府的大权。这个女人,就是慈禧。事成之后,她垂帘听政,他成了议政王。

奕䜣是见过世面的人。他知道,刚刚得来的政权,想要稳住,就必须要镇压国内此起彼伏的起义。奕䜣想到了借刀杀人之法。那就是,借西洋人的刀,杀国内的农民军。同时,西洋人的各种先进玩意,也可以帮助清政府稳固统治。这个时候,曾国藩和他的学生李鸿章的作为,对了奕䜣的胃口。

曾国藩是靠镇压太平天国起来的,杀人如麻,人称"曾剃头"。据说,当时南京城里的小孩夜哭,一听到母亲说"曾剃头"来了,立马止哭。可谓"威名远播"。在镇压太平军的过程中,他产生了一些实际性的需要。比如,他发现借助外国的力量来运粮食、剿杀太平军,非常便利,他就顺理成章地想,如果我们也能学学外国的技术,自己制船造炮就好了。1860年的12月,他将自己的想法诉诸文字,奏了一本。第二年,他又奏了一本,主张买些外国的船炮,先演习,再改造,用来剿杀太平军和捻军。1962年,曾国藩的学生李鸿章在上海得到洋人的帮助,训练起洋炮队。西方人自然不会把最先进的技术奉献给清政府,但敏锐的奕䜣却也捕捉到历史的动向,开始支持学习西洋的一些先进技术(主要指军事技术),认为这些技术既可以镇压人民,又可以自主自强。由此,地方的曾国藩、李鸿章、左宗棠、张之洞与朝中的奕䜣、文祥相互呼应,洋务运动在一片保守派的反对声中水涨船高。

洋务运动最开始是围绕着军事工业展开的,可是,洋务派们在新办军工的过程中,遭遇了一系列难以解决的问题,比如资金,比如燃料，比如交通运输。这又迫使他们提出了"求富"的口号，开始办矿务局、轮船招商局、电报局、铁路局、织布局，等等。所谓洋务运动，就像一滴墨落在了宣纸上，不知不觉晕染开来，涉及了西方新技术的方方面面，开了中国人的眼界。

在这个过程中，照相业也像是蒲公英的种子，无声无息地伴随着西方人的到来，落在了中国大地上。在彼时彼刻，恐怕谁也想不到，摄影这东西最终会变成动态的，变成电影，影响整个世界的文化生成。

4

洋务运动开始的时候，任庆泰10岁。他出生于辽宁法库，祖上是缙绅。据说清朝末年，肃王耆善来到沈阳时，曾经住在他家。也就是说，他的家庭曾经是殷实的，有头有脸。他完全可以继承祖业，走一条稳妥的人生路。可是，他偏不。他的人生观很"洋务"，他说："愤志士多趋学、仕两途，乃锐意经营实业。"很显然，在动荡屈辱的晚清，任庆泰已经决定放弃高于万般的"读书"入仕途之路，而选择"实业"。这真的很有勇气。干实业，或许也只是他后来给予自己人生的一个"解释"，因为他的起点并不高。他从私塾辍学，投身的"实业"，并非洋务派看重的军事工业，也非与军工相关的邮电、铁路、矿务等行业，而是中国传统木匠行业。

1865年，任庆泰15岁，还只是一个初入木匠行不久的毛头小子。他像一只刚刚入海的小船，不知道自己的人生将会朝哪个方向漂去。对于当时的任庆泰来说，世界也不过就木匠房那么大，他显然没有加官晋爵或是战死沙场的兴趣。但是，无可否认的是，世界乱了，天翻地覆地乱了。大清国内，太平军、捻军的起义加上英法联军的侵略，已经让清政府疲惫不堪。在连年的战乱中，一个叫僧格林沁的蒙古贵族清军大将，曾经依靠力克北伐的太平军而功晋亲王，又在第二次鸦片战争与英法联军对抗时，痛失大沽和天津，后来又在剿杀捻军的过程中，于山东菏泽西北的吴家店的一处麦田里，被一个十几岁的小捻军张皮绠斩杀。民间有歌唱：张皮绠，真正强，麦稞地里杀僧王！雄霸一世的亲王，最终死于一个不起眼的小捻军之手，这固然是另一段传奇的历史故事，但对于任庆泰来说，这些似乎都不是那么重要，这些故事，也许仅仅是他茶余饭后从长辈那里听来的谈资，他真正醉心的，是他选择的木工事业。

任庆泰根本想不到一个蒙古族大将的死，会对他一个名不见经传的小民产生什么影响。不过，同治帝却可以。僧格林沁是为国捐躯的皇亲国戚，理应大大表彰。为了纪念勇猛的僧格林沁，同治帝下了一道圣旨，要给他建陵园、修牌楼。相应的，能工巧匠的征集，也就成了必须。朝廷选人才，千载难逢，任庆泰偏偏有这个命，跟在大工匠后头，成了一名修陵园的小伙子。

谦虚、刻苦、好学，这几乎是每一个手艺人成功的基本素质。任庆泰很有心，他看到北京来的师傅们个个身怀绝技，不禁暗叹，特别是金福堂的师傅，那手艺真不是盖的，用巧夺天工四个字形容毫不为过。任庆泰有了学艺之心。想学艺，很好，可人家凭什么教你？同行是冤家，人家吃饭的本事，当然不能外传，而且说白了，你不过就是一起修陵的一个小同事，萍水相逢，素昧平生，两不相欠，完全没有倾囊相授的理由。任庆泰为此苦恼不堪。

1865 年的秋天是个流行病多发的季节，金福堂的师傅不幸染上了痢疾。这可急坏了任庆泰。人在他乡最怕的就是生病，何况那又是个相对缺医少药的年头，得个痢疾就一命呜呼不是没有可能的。金福堂的师傅病着，一天又一天，任庆泰呢就忙着，端茶倒水，煎药端药，尽自己最大的能力遍访名医。终于，巧手师傅病好了，任庆泰和师傅的情感距离拉近了。作为报答，师傅主动收任庆泰为徒。金福堂师傅的危机，成了任庆泰的转机。

有高人指点，任庆泰学得很快。没过几年，他在法库一带就已经是颇有名气的手艺人。搞工艺，得出名才行。因为出了名，活儿自然就来了。法库县有个纨绔子弟叫于子扬，家里很有两个钱。一有钱，虚荣心上来了，他索性捐了个官，长住在北京城。当了官，发了财，哪能锦衣夜行？为了炫富，他又在法库县老家盖了豪宅，等到要装潢的时候，他把任庆泰请了过来。这对任庆泰来说，当然是手到擒来。于家举家欢喜，不提。

1870年，任庆泰20岁。他来到沈阳，在一家照相馆中当伙计。很快，他又跳槽去上海，给一家外国人开的照相馆做镜框，偷学了一些照相的技术。毫无疑问，照相这个西洋玩意儿紧紧地抓住了任庆泰的好奇心。任庆泰敏锐地觉得，这门"实业"日后在中国一定大有可为。为了早日学到技术，1874年，他远渡日本，自费学习照相。而后，在京城，他继续服务于家，从于家搞到了一台德国照相机，代价是用做工抵偿。有了属于自己相机，任庆泰摩之挲之，反复研习。他深深知道，这才是他为之奋斗一生的事业。

5

清光绪十八年（1892），是个龙年。孙中山从香港西医书院毕业，开始做医生；鲁迅刚满12岁，开始进三味书屋读书；郭沫若在四川出生。日后搅动历史风云的大人物们，都慢慢地在各自的人生路上小步前进。1892年不是一个盛世，但好歹也算乱世中难得的太平年月，那个龙年好像是轰轰然战鼓中的一曲悠扬的小号声，显得如此可亲可喜。1892年是绿色，仿佛春天的树刚发了芽，鲜鲜亮亮，似乎能掐出水来。

毫无疑问，1892年，42岁的任庆泰是意气风发的。多少年过去了。他终于有了自己的店面，不算大，但好歹是自己的，开着欢喜。那是一个照相馆，名叫丰泰。丰盛而泰然。42岁，实在是一个实业家的黄金年纪，技艺纯熟，人情练达，中国人开的照相馆，显然比西方人在北京开的照相馆，更能照到北京人的心坎里去。丰泰在北京城起来得很快。任老板以拍合影和"戏装照"闻名京师，京城的大官贵人都成了他照相馆里的座上宾。任老板名声之大，甚至"惊动"了慈禧太后。杨柳吹雪，名满京华。

慈禧这个人是很自恋的。年轻时候自负美貌，有点自恋，后来年龄大了，手中有了权势，变得更自恋了。她喜欢让人给她画像，而且一定要全身像。1902年，她从俄国驻华公使手上得到了一张俄国沙皇尼古拉二世和皇后的八英寸着色全家照。慈禧眼睛忽然一亮。因为照片上人物太像太传神了。她心里痒痒，跃跃欲试。但慈禧又很保守，她觉得用镜箱对着至尊

慈禧太后

无上的老佛爷是大逆不道的。想拍，又放不下来身段，慈禧很是纠结。直到京城的皇亲国戚纷纷请摄影师来家里拍照片，传统的肖像画逐渐被照片取代，慈禧才放下了戒心和身段，也开始玩起照相来。

即使是愿意找人来给自己照相，慈禧还是规矩道理一大堆。必须拍全身，各种造型，又要拍得美，外国摄影师一不小心就会触怒这位事儿多的老佛爷。后来，驻日、法公使三品卿衔裕庚的次子勋龄给慈禧照相，这算是懂礼法了吧，但勋龄给她照起来又实在太费劲。因为见到慈禧太后，一律要跪着，跪着对光，跪着照相。结果

慈禧太后与众妃嫔合照

相机太高，勋龄根本够不着，李莲英慌忙给他搬来个凳子，让他跪在凳子上照。慈禧老佛爷这时才发善心，说平身吧，特批照相的时候可以免跪。就要照了，可勋龄又是近视眼，而在慈禧面前是不准戴眼镜的，这又得特批，非常费劲。所以说慈禧在照相方面，一直没有找到可心的摄影师。

任庆泰进宫的一路都是战战兢兢的。虽然给皇亲国戚拍惯了照片，但这一次，可是给大清国权力金字塔顶端的慈禧太后拍照。再来之前，他已经从两个方面细心研究过了。一个是技术方面，构图要美，光线要强大，主体要突出，总之要把慈禧拍得美美的。一个是礼法方面，什么时候叩头，什么时候起身，什么时候拍照，还好清朝的礼法他早已熟稔。伺候老佛爷，关键要让她感到舒服。

在慈禧留下来的照片中，哪一张是任庆泰操刀拍摄的，我们不得而知。但看照片，不难想见慈禧之难伺候。她甚至要化妆，自己扮成观音，身穿团花纹清装或团形寿字纹袍，头戴毗卢帽，外加五佛冠，左手捧净水瓶或搁在膝上，右手执念珠一串或柳枝。李莲英扮善财童子或守护神韦陀站其身右，左边则有扮成龙女者。

任庆泰能把老佛爷伺候好，真不容易。认真伺候的好处就是：四品顶戴花翎。虽然只是虚衔，但也把任庆泰的声名推到了顶峰。慈禧太后也看过电影，在她 70 岁大寿的时候，可她并不喜欢。这个英国公使带来给慈禧祝寿的新鲜玩意儿，在刚放映不久，发电机就发生了炸裂，受到惊吓的慈禧就此认为电影是个不吉祥的东西，严禁在皇宫里放映。这是在保守的皇宫。

在民间，大家可不管这些。任庆泰的大观影戏楼的片源不足，他开始想做点事情了。1905 年是个好年景，天时地利人和。天时，任老板的摄影技术已经非常成熟了；地利，他的大观影戏园的观众需要看新片子；人和，谭鑫培谭老板 60 岁大寿，为做纪念，他愿意配合电影拍摄。中国人自己的电影呼之欲出。《定军山》拍了三天，谭鑫培老当益壮，在丰泰照相馆中院的天庭内咿咿呀呀唱了三天（尽管是无声片），也痛痛快快地在任老板的总指挥下演了三天。场子是露天的，光线全用自然光。谭鑫培是中国电影的第一位演员。因为是无声片，所以《定军山》主要看点在身形、动作和神态上，戏里，谭鑫培演老将黄忠，筋骨十足，面相清癯，精神饱满，那是他艺术技艺炉火纯青的年纪。片子出来以后，拿去大观楼放映，据说万人空巷。

苍茫茫绿色的清王朝的废墟上，竟意外地开放了一朵光与影交叠的艺术之花。它的到来虽有点误打误撞的意思，也算是情理之中。它依托中国的传统戏曲，找到了自己颇具民族风范的亮相形式。任庆泰用西洋镜，照出了一个传奇的肇始。

我爱"定军山"这个铿锵有力的名字。《定军山》取材于《三国演义》，又名《一战成功》，当真是一部寓言。《定军山》过后，任庆泰又连续拍摄了《长坂坡》《青石

谭鑫培《定军山》剧照

山》《艳阳楼》等京剧片 ，为中国电影开了一个好头。历史充满巧合。从洋务运动中的大潮中走出来的小木匠任庆泰，就这么阴差阳错地坐上了中国电影的第一把交椅。《定军山》则成了晚清历史大潮的一个华丽边角。

回头看看，世上的事，往往是冥冥之中，自有定数。1909 年，名震一时的丰泰照相馆，不幸遭到火灾，各类摄影照相设备毁于一旦。从此，"丰泰"成为历史。这仿佛预示着，斑斓的中国电影，虽是从帝都起始，但那里似乎并不是它成长壮大的沃土。帝都强大的历史惯性，使得这里的人们，更加倾向于现场观看戏曲表演，然后叫好，捧角儿。电影的"黑暗中的白日梦"的特质，似乎更需要一个市民社会来培养和契合。

好在电影这东西在中国的旅程并没有结束。一朵花儿开，一朵花儿败，中国电影很有点野火吹不尽，春风吹又生的意思。1909 年的一场大火，烧尽了丰泰照相馆的传奇，作为洋务运动副产品的"丰泰电影"，完成了它的历史使命。中国电影的新的生长点，已经远漂千里，扎根世俗社会，等待时机，破土发芽。

汹涌 · 那些年，两个人的大上海【@张石川 @郑正秋】

1

1909 年是宣统元年。大清朝的气数，经过一场又一场战败的冲击，已快尽了。那感觉仿佛是油尽灯枯的老鬼，迟迟不肯咽最后一口气，挣扎得让人觉得难受。但清政府还是不甘心，这年的 3 月 6 日，他们还苦哈哈地诏谕，阐明"预备立宪，维新图治"之宗旨，企图"力挽狂澜"。

还不就是徒劳么？都没用！

一次又一次的不平等条约的签订，使得原本壁垒森严的中国，变得像一个千疮百孔的罐子，不断漏出去一些精气，日渐疲弱。不过，王纲解钮、世事纷乱也带来一个客观的好处。那就是一些被统治者视为"奇技淫巧"的东西，也轻易地越过了无力的海关，突围进古老的中国大地。这其中，就有电影。

1909 年，电影在中国的气数其实是有些微妙的。这一年，一把无名的邪火，烧毁了中国电影发轫人的任庆泰辛辛苦苦建立起来的丰泰照相馆；巧合的是，也在这一年，一个叫布拉斯基的美国人，悄无声息地来到了大清朝被迫"改革开放"的前沿——上海。他成立了一家电影机构，叫亚细亚影戏公司，来开拓中国电影市场。

北京丰泰的烧毁，上海亚细亚的建立，一南一北，一升一沉，对照着看，极像一则寓言，一颗关于中国电影之火明灭起伏的信号弹。它也像马路上的红绿灯。红灯停，绿灯行。帝都的使命已经完成，中国的电影，该看上海的了。

初到上海的布拉斯基是野心勃勃的。西方人具有冒险精神。这和他们的文化传统有关。海洋文化的传统底蕴，使得这些西方人不像东方人那样安土重迁，觉得哪儿都没有自己家好。他们总是不惮于披荆斩棘，远渡重洋，四处占地方。简单点说就是，东方的文明是内敛的、向心的，西方的文明则是扩张的、离心的。

1909 年的上海，还没成为东方的巴黎。不过，自从开埠以来，上海这地方，就好像一颗鸭蛋掉进了带碱的泥巴里，久而久之，被浸润成了奇异的松花蛋。无论是普通中国人，还是外国人，看上海都会有种似曾相识、又雾里看花的感觉。它是乡土中国崛起的城市，但它又是土上开花，洋味十足的；它是欧风美雨洗礼的东方奇城，它有西化的成分，但究竟还是有种远东风味。晚清乃至民国的上海，对西方殖民者来说，更像是带着故乡味的异乡。

所以 1909 年，布拉斯基来到上海的时候，内心的兴奋可想而知，可能类似于哥伦比发现新大陆？这个时候，电影已经诞生十几年了。而且，从 1896 年 8 月开始，就有法国、美国和西班牙人陆续来到中国经营电影的放映权。1908 年，西班牙人 A. 雷玛斯在上海开办了中国的第一家专业电影院，并取得了成功，大大地刺激了西方逐利的商人们。

布拉斯基也想在上海碰碰运气。他不是第一个吃螃蟹的人。可他与西班牙人有些不同，他不光想放电影，还想拍电影，拍了再放。拥有自主知识产权，岂不是赚得更多？！所以说，从此处看，布拉斯基这个人其实是比较有胆识的。

可是，在中国拍电影，又拍给中国人看，对于布拉斯基这样一个初来乍到的老外来说，难度实在太大了！他不懂中国的国情啊！第一，中国人的思维太复杂了；第二，中国人的口味太顽固了。你一个老外开电影公司，拍东西给中国人看，抓住的往往只是中国景象的一些浮皮。要么太过时，要么不痛不痒，观众肯定是很难接受的。

说实话，别说100多年前，就是放到现在，这也是很多西方商人和艺术家打入中国市场最大的难点。张爱玲就曾经说，有时候她看西方的东西，会觉得那些东西很"隔"，像一只蝴蝶停在白手套上，美则美矣，可也只是隔靴搔痒的美，说不到中国人的心坎里去。

布拉斯基也遇到了"隔"的问题。他去组织拍电影，拍出来的东西，往往是带点东方主义的，西方人感兴趣的中国。比如亚细亚公司出品的《西太后》《不幸儿》。这些东西，要么太浅，要么是些"明日黄花"。他布拉斯基也不睁眼看看，中国人还要他来拍"西太后"给他们看吗？他们好多都是在西太后的统治下长大的啊，谁还要看他这些东西！另外，不能不说布拉斯基这个人命有点不好，来中国来的不是时候，偏偏赶在1909年来，等他站住脚，拍出电影，不大自信地端出来给人看的时候，观众看了几分钟，一扭头就走了。为什么？太落后啊！那时候时兴的，可是革命啊！

山雨欲来风满楼。果不其然。亚细亚影戏公司刚开始正常生产。中国却不期然发生了一件开天辟地的大事件——辛亥革命爆发了。所有人都吃了一惊，包括革命党。

2

打个不恰当的比方，辛亥革命就像是一帮子人围成一圈放炮，点了好久没点着，忽然走过来一个小孩，拿了支香火，朝那火捻子随便一点。嘭！天地都炸开了。闹着玩似的。怎么说呢，辛亥革命的首响武昌起义，真是瞎子寻了个没眼的，赶巧了。现在看这些成功的起义，你真会觉得，一件事的办成，必须要多方面的成全，直接的，间接的。

我们不妨看看武昌起义前就编制好的种种因果链条。1908 年，慈禧太后和光绪皇帝死了，群龙无首，新上任的这些个满人亲贵，生怕自己大权旁落，搞了民族主义，又是赶跑袁世凯，又是要收回满人的实权。汉人们心寒了。结果清政府还不知足，又要把铁路收归国有，然后再卖给外国人。人民群众一下就不愿意了，好好的铁路，外什么要卖给外国人？湖南、湖北、广东、四川等地民众强烈反对，其中以四川人闹得最凶，聚了 10 万多人，声称要"破约保路"。清政府对人民也从来不手软，你起义，行啊，那我就来镇压，先是四川总督赵尔丰逮捕代表，枪杀群众（等于火上浇油），再是特派员端方带着湖北新军入川镇压。

如此，客观的局面就是，湖北的兵力弱了，等于是调虎离山。革命党人决定起义。起义的过程，现在看来是比较搞笑的。1911 年 9 月 14 日，革命团体文学社和共进会连同同盟会，成立起义的领导机关，24 日，大家开了个会，定了一下起义的时间，是 10 月 6 号。然后大家坐等，一是要准备起义的武器什么的，二是要等同盟会的领导黄兴和宋教仁来。

结果，时间到了，不但湖北当局知道他们要起义的消息，处处提防，而且同盟会的两个头子也迟到了，起义只好延迟。大事将近，频频延迟，陡然增加了起义人员的心理压力。1911 年 10 月 9 日，起义的领导团体共进会的参谋长孙武，心理压力一定超大。他带着一批人，在汉口的俄租界配炸药，一不小心弄出个大爆炸来。俄国巡捕立即赶到，搜出了革命党人的花名册和起义文告。湖广总督瑞澂闻讯即刻行动，封城、搜人，想来个瓮中捉鳖。

革命党人急了！先机已失，不起义不行了啊。他们当即决定9号晚上起义，可是政府搜城搜得太严，革命党人相互联系不上，于是又延后了一天。10月10日晚上，以枪声为号，新军工程第八营的革命党打响了起义的一枪。多米诺骨牌效应启动，局面愈发不可收拾。

这晚对于湖广总督瑞澂来说，一定是场恐怖的噩梦！他的总督署被炮轰，他在后墙打洞，屁滚尿流地坐船顺长江逃窜。虽然有个第八镇统制张彪留下来负隅顽抗。可哪有用？群情激愤，大军压进，玉石俱焚！天还没亮，整个武昌就尽在起义军掌握之中了。

其后的局势整个就是一个摧枯拉朽。11日，12日，汉阳和汉口相继光复，湖北军政府成立，黎元洪在立宪派士绅的撺掇和支持下，扭扭捏捏当了都督，改国号为中华民国。

而后两个月，湖南、广东等15个省脱离清政府，宣布独立。1912年1月1日，中华民国临时政府在南京成立，孙中山被推举为临时大总统。当年的2月12日，溥仪退位，清朝灭亡。从起义到清帝退位，只用了不到半年时间，不可思议。

辛亥革命的成功，很像童话，孙中山们努力了许多年没有结果的事情，一夜之间变成了现实，真是让人又兴奋，又忙乱。皇帝退位，清朝灭亡，权威消解，旧的价值体系瞬间崩塌，中国人忽然不知道该怎么办了。破灭是破灭了，破灭之后的重建，则是大问题。而且中华民国政府在四分五裂的地方割据状态下，也只是一块空头招牌。

所以说，辛亥革命表面上看是推翻了清朝，建立了民国，但其实这种革命是不彻底的：政权更迭了，可信仰上，很多人还是儒家那一套。用辜鸿铭的话说就是，脑袋后头的辫子剪掉了，思想上的辫子却没有减掉。鲁迅更绝，五四新文化运动，他立马创造出一个阿Q。Q这个字很形象，一个拖着小辫子的人头。他用这个形象来阐释中国下层人民思想上的不觉悟。这是文学界。电影界要轻松得多。当然，这是后话。

不过，相对于上层知识阶层信仰缺失层面的痛苦来说，普通的市民阶层其实是没有那么纠结的。改朝换代，普通百姓照样还是过自己的日子。他们的人生观和价值观，更是变化中藏着恒久的东西。柴米油盐、忠孝节义，那些不变的东西，稳当当地藏在普通人的生活里。

我说这话的意思是，电影这个外来的玩意，其实不像文学和文明戏那样敏感，它在上海，又面向百姓，这使得它必须更接近生活，必须更通俗，才能赢得市场。

1912年，布拉斯基恐怕不能不感到些绝望。中国的局势好像天上的云一样变化多端，中国观众的口味也和西方人大不相同。几部片子之后，他着实亏了不少钱，再干下去，也就是个砸。无奈之下，他把亚细亚影戏公司转让给了上海南洋保险公司的美国佬，依什尔和萨弗。这两个人和布拉斯基一样，也搞不懂中国。但他们比布拉斯基聪明，他们在保险公司工作，知道外国人来中国办事，往往需要一种人的帮助，那就是买办。

什么叫买办？简单点说，买办有点类似经纪人。鸦片战争以后，欧美商人来中国做生意，搞殖民，搞剥削。他们不懂中文，买办给他们翻译；不懂国情，买办给他们建议；不懂人情，买办给他们跑生意。买办是个中间人，客观上说，有着促进双边贸易的作用，当然，他们也是西方人赚中国钱的一种工具式的人物。

依什尔和萨弗开公司拍电影，也需要一个类似买办的中国人来帮他们做事。这个时候，同在洋行圈子里混的高级白领张石川出现了。他被聘为亚细亚影戏公司的顾问。他拉了来郑正秋，一手承包亚细亚公司电影的编、导、演的业务。亚细亚资方只负责提供技术和资金。

不过，美国佬可能没有意识到，单纯商业活动上的买办，和电影的买办，其实是有不同的。电影的意识形态属性，给了电影买办们一对超越美国佬控制的翅膀。"办"到最后的结果就是，借鸡生蛋，办出了中国电影的新局面。

3

新老板虽然不懂中国国情，但在用人上还是有些眼光的。郑正秋和张石川都不是凡角。他们天生异相，一个高，一个矮；一个胖，一个瘦；一个是一根筋的文艺青年，一个是满脑点子的生意人。郑正秋没有架子，是个好好先生；张石川性格却有些暴躁，一急起来，经常爆粗口。他们的组合，相反相成，堪称奇崛，颇有点混搭的意思，是在互补中找平衡，在对撞中找到了作为舶来品的电影在中国生根发芽壮大的独特路径。他们有点像神话传说里的哼哈二将，一哼一哈，喷云吐雾之间，造就了中国电影最初的那点如梦似幻但又十分混乱的繁荣。

先说郑正秋。郑正秋是标准的文艺青年。文艺青年两个的最大特点，他都具备。第一，他理想主义，充满责任感，认真、单纯。第二，他非常爱好文艺。他出生在1888年的年底，正是清朝内忧外患的时候。他的家庭并没有给他带来多少荫庇，但他运气似乎特别好。郑正秋的祖籍在广

郑正秋

东潮州。即使是在现在，一部分潮汕人还是比较看重男孩的。那么，往前推 100 多年，潮州人对于有无子嗣的问题，只能是更加看重。

且说当年，潮州有个有人叫郑让卿，光绪年间走科举道路，当过江浙盐运使，后来又去当过三穗知府。按照现在的说法，郑让卿可以说是个富二代。他爸爸郑介臣，原本只是一个平实朴素的大清国子民，可等到 1840 年，鸦片战争一爆发，上海一开埠，郑介臣抓住机会，一路北上，从广东赶到上海，开创了自己的事业。

可以说，在上海，郑家老爷子发的是国难财、不义之财。他开的那家郑洽记土栈，说白了就是鸦片批发店，是倒卖毒品——鸦片的，利润之高不难想象。没过多久，那白花花的银子就像是圆溜溜的豆子，乖乖地滚进郑介臣的钱袋子里了。

发了财的人，往往特别喜欢操心两件事，一个是特别想提高自己的社会地位，另一个就是想为自己的儿女多铺些后路。发国难财的郑老爷子，一来不想当官，二来自己也确实过了做官的年纪，社会地位方面，顶多参加组建上海的潮州会馆，在老乡里面打打名气也就罢了。至于儿女嘛，最讨他喜欢、也最让他操心的就是二儿子郑让卿了。

郑让卿聪明好学，走得了科举路，当了官，给郑家挣足了面子，是个光耀门楣的好孩子。可那几年，郑老爷子一想到二儿子的子嗣问题，就免不了要皱眉头。郑让卿的人生几乎没有错过什么。该读书的时候读书，该结婚的时候结婚，该科举的时候科举，该当官的时候当官，可偏偏在生孩子这件事上，他就像个坏死的水龙头，始终不能开闸，让郑家的香火细水长流。郑让卿心里有种说不出来的自卑。结婚多年，始终没有子嗣（很可能是他本人生育功能上有问题），舆论压力大不说，百年之后，自己连个烧香磕头的人都没有，岂不尴尬。

　　30多岁的那个秋天，郑让卿终于绷不住了。在友人的撺掇下，他打算物色一个男孩子来当螟蛉子，即俗称的义子。可以试着想象郑让卿挑选义子的场景：许多男孩，一字排开，郑让卿一路看过去，逗一逗，笑一笑。算命先生奉上八字条，郑让卿仔细看了看，眼缘加命理分析，让郑让卿有了基本的判断。他笑着抱过一个自认为将来最有前途的孩子，慢慢地走进了郑家的深宅大院……

　　这个孩子是在一个秋高气爽的日子来到郑家的，于是他们给他取名正秋。郑正秋正式开始了在官商家庭做少爷的人生之旅。他在上海生活了很短的一段时间，就被母亲张太夫人抱回潮州，熟悉老家文化，听潮州文化、潮州戏曲，好让他不要忘本。这段传统文化的基础性教育，为郑正秋未来在戏剧领域的大放异彩，打下了基础。陶冶了两年后，郑正秋跟母亲回到上海，1902年，他进入英国犹太人嘉道里办的育才书院读书。

　　关于郑正秋在育才书院的生活，有个经典的段子。说有一次，育才书院的洋先生，要体罚一个学生，结果下面的一群十三四岁的孩子就暴动了，为首的，就郑正秋，他责问老师："先生对我们讲授平等、自由、博爱的道理，可为什么常常体罚学生呢？"结果，郑让卿知道此事，认为郑正秋这是大逆不道，索性取消了他去育才学校读书的资格。但后人由此得出结论，说可以说郑正秋的民主思想自此奠定了基础。

　　这种论断多少有些草率。这里体现出的，更多的是郑正秋身上那种冲动的热血。对于搞艺术的人来说，这很难得，也是一种必需。不过，郑正秋的好运，很快就像是猪八戒吃人参果，还没尝到多少滋味，就已经消失不见。

　　14岁似乎注定是郑正秋生命里的流年。在育才学校期间，他的弟弟郑正冬呱呱坠地，成为郑家正派的嫡亲的儿子。郑正秋一下感到不安全了。正冬是正牌的儿子，他却是贴牌的，在那个高门大户里，即使别人不说什么，早熟的郑正秋首先就过不去自己心里那道坎。

搞艺术的人往往敏感，这敏感有点像含羞草的叶子，一碰就缩回去了。与敏感常常相伴的，就是脆弱。再往下推，一敏感，一脆弱，心不宽，气不顺，身体也就很苗壮。郑正秋从小就是个病孩子。青春还没绽放，他就成了泡在药里的病茱萸。气急、腰疼，久治不愈。父亲郑让卿看他实在痛苦，便说，实在太痛就抽两口吧。结果，毫无意外地，一抽就上瘾。（这种情况并不特殊，多少年后，沪上名媛陆小曼，也是头疼病厉害的时候抽上鸦片，结果一沾上就甩不掉。）14 岁这年，经常腰疼的郑正秋被查出患有肾结石。一顿折腾，石头排出去了，可他心衰的毛病一直都有，还有咳嗽，还多痰！

儿子退了学，又病成这样，郑让卿的心理压力是很大的。为了管住儿子，同时培养儿子，他便把郑正秋带在身边，跟着自己在自家的鸦片倒卖店里做生意。郑正秋成了年轻的"少东家"。

可是，衣食无忧的少东家的心思，却根本无法集中到生意上来。所谓玩物丧志，常常会在大富之家出现。在土行站台之外，郑正秋找到了可供释放精神能量的有效途径：读闲书。《推背图》《再生缘》《三国演义》，一部接一部，郑正秋的文学素养，是在通俗的文本中打起地基的。

郑正秋读书非常疯狂。这多少是有些追补的心理——在学校读书的时候，"不幸"辍学，回到家里来自己用功，他反倒信马由缰，由着性子来，喜欢读的，那就一直读下去。这样大规模的涉猎，让郑正秋成了一位文字上的"杂家"。当然，也带来了一个副产品——深度近视眼。

现在坊间特流行一种提法：男孩穷养，女孩富养。意思是指，男孩以后要顶天立地，成为男子汉的，所以小时候宁愿让他多吃点苦，长大才能经得住风吹雨打；女孩呢，从小则不妨娇贵一点，这样长大了才不至于在物质利益面前，轻易动心。这种提法未必有道理，但也不妨参考参考。富贵人家的孩子，衣食无忧，常常有机会接触些新鲜好玩的玩意儿，若家长不严加管教，容易玩物丧志。清朝的八旗子弟，很多就很会玩。

郑正秋也是这样。读书之余，他渐渐爱上了京剧，成了票友。而且郑正秋家庭条件好，他也攀得上台面。很快，他就和梨园行里颇有名望的几位交上了朋友。其中有夏家四兄弟中的夏月珊、夏月润以及潘月樵。

潘月樵和夏家兄弟当年在上海梨园那可是数得着的角儿。他们都是从北京三庆班出来的，而且都是三庆班的头牌老生夏奎章带出来的。三庆班当年在四大徽班中位列一席，是进京给慈禧太后祝过寿的。潘月樵是夏奎章的传门弟子，又叫小莲生，主攻的是须生。夏月珊和夏月润分别是夏奎章的三儿子和八儿子，都唱武生。夏月润还是京剧名家谭鑫培的女婿。（前面我们说到，谭鑫培主演了中国的第一部电影《定军山》，历史上这种人物之间的粘粘连连其实是很有趣的。）在艺术上，他们都很富有革新精神。后来他们在上海创办新舞台，动静很大，这是后话。

儿子"越陷越深"，郑让卿那几年没少长吁短叹。闹学、生病、看杂书，甚至抽大烟，这都好说，可整天跟这些"不入流"的伶人戏子搅和在一起，家里可丢不起那个人。郑让卿先是劝，不听，再骂，还不听，于是病急乱投医，心说，我的话你不听，给你娶个女人来家，媳妇的话你总听了吧。就这样，17 岁的郑正秋在父母之命媒妁之言的推动下，糊里糊涂走入了婚姻。哪知道，结婚过后，这位身负教育老公使命的媳妇俞丽君，不仅没能让郑正秋收心，反倒把自己也套进去了，有事儿没事儿，她也跟着郑正秋一起去听戏了，也成了京剧的死忠粉丝。

郑让卿没辙，只好花银子在洋务派风云人物张之洞那儿给郑正秋买了个"候官"，逼着儿子去武汉任职。他是想，商场不行，就去官场历练历练吧，没准也能杀出一条血路。

老子安排，儿子没办法，只能去。不过，待多长时间就不是老子说了算了。郑正秋在武汉的官场混了混，感到非常不适应，他一个大富之家出来的少爷，哪里应付得了中国官场的那些钩心斗角。仅过了两年，郑正秋就打道回府，重操土栈生意。

商亦有道。

郑正秋做生意，特别讲究两点，一个是"义"，一个"薄"。"以义为利，薄利多销"。讲义气，朋友就多；利薄，生意就有竞争力。但郑正秋还是比较单纯，生意场上那套黑吃黑，他不是很懂。所谓无商不奸啊。别人都耍滑头，你太老实，在生意场上，免不了要吃亏。郑正秋干了两年，先是赚钱，跟着是被人算计，赔得一塌糊涂。

他一怒之下，也看清了自己没那两下子，心说根本不是做生意的料，还是去玩京剧吧。于是，他便把生意交给弟弟郑正栋（起初叫郑正冬，后来郑正秋帮弟弟改名为正栋，希望他成为栋梁之才），彻底下海去了。郑老爷子没办法，除了叹气还是叹气，疤瘌大了不疼，唉，反正也不缺吃缺穿，就这样了，由他去吧！郑正秋彻底自由了。他要追求自己想要的人生。他轻装上阵，理所当然地出入剧场，与各路名角儿混在一起，写"丽丽所剧评"，全身心投入，越来越"专业"，

冥冥之中，似乎时刻准备着中国电影对他的召唤。

4

正当富家子郑正秋一路折腾，当票友、玩京剧的时候，上海的

学生群体，玩出了点新东西。京剧、沪剧、越剧等地方曲艺，都有自己的经典剧目，可是革命时代，激进的观众可能更需要在"戏"中反映时代的声音。这一点，传统戏曲是很难做到的。

怎么办？学生们也懂得师夷长技。他们顺手拿来西方的演剧形式当瓶子，把中国的现实内容当作酒灌进去，效果也不错。西方舶来的戏剧，它跟中国的传统的戏曲不一样：它写实，演得更像现实世界里的事，它还有大段的对话，更适合直接地表达情绪和意图。

于是，在话剧在中国还不叫话剧的时候，上海的学生就开始用西方的话剧，来宣泄自己的情绪了。从 1899 年上海圣约翰书院的学生演新剧开始，《张文祥刺马》《英兵掳去叶名琛》《捉拿安德海》《江西教案》……一部接一部"新剧"（区别于"旧"的戏曲），小规模扩散着，到了 1906 年，上海学校演新剧已经蔚然成风。新的质素，仿佛打不死烧不尽的野草种子，借着风势，落地发芽。

花开两朵。在与上海隔着一片海的日本，中国留学生们在日本新剧的影响下，也开始结社演剧了。1906 年，日本的樱花将开未开，一切淡淡的，有种大事将临前的平静，可是，曾孝谷和李叔同却兴奋得很。他们要成立一个社团，叫春柳社，宗旨是"改良戏曲，为转移风气之一助"。新春有柳，天地大变，"转移风气"四个字，像一颗心脏，定下了春柳社成立的目的。春柳社是文艺的：它的创办人、参与者，尽是留日的文艺青年，在岛国的樱花下，难免有些浪漫的绮丽情思。它诉求的也是文艺，它研究戏曲、音乐、诗歌、绘画，而这所有的艺术汇集到一起，又推出了一个全新的综合性的舞台艺术：新戏，也就是风靡中国的文明戏。

春柳社又是昂扬而热血的。它是学生办的团体，它天生有种天真的热情。它单纯、明朗、心怀天下，它总觉得自己的理想能够推而广之，那闷在思想深渊里的民众，看了他们的主张，能够苏醒，能够奋起。它立足现实，却又有些浪漫主义。1907年，徐淮受灾，春柳社在日本公演《茶花女》第三幕以赈灾，后来又演根据《汤姆叔叔小屋》改编的《黑奴吁天录》，轰动一时。春柳社的公演，真如春柳报春，染绿了大地。文明戏忽而大起，接着青年的血气和辛亥革命的高潮，风靡中国。

文明戏是一团火，辛亥革命就是一捧油。革命的大浪潮，刺激了文明戏的风靡——文明戏表达思想直白、清爽，而且演起来容易上手，更容易成为革命思想宣传的工具。热血青年们爱文明戏，革命志士走上舞台，振臂一呼，台下万千观众响应，那一种激昂，真是让人心潮澎湃。辛亥前后走红的文明戏，更像是一瓶红牛，它不是抚慰人心的，而是鼓动人的力气，它追求的未必是艺术精巧，戏曲里一口气唱个十几秒的咿咿呀呀的唱腔，躁动的革命者是听不下去了。旧戏里的纸醉金迷，繁复精致，全都被时代的潮水冲刷掉，取而代之的，是文明戏干练的骨架。看旧戏像看一弯水袖，摆了又摆，蜿蜿蜒蜒，诉不尽的忧伤，说不尽的离愁；观文明戏则像看人一挥手臂，那刚，那烈，是硬气的，不由分说的。

所以，当辛亥革命的大潮一退去，文明戏就犹如留在沙滩上的老硬贝壳，只有力，没有美。而随着革命志士的退场，文明戏的那点鼓动力，也消失殆尽。文明戏少了精气神，少了气骨。文明戏舞台上，只剩下一批靠演戏为生的艺人，他们为了糊口，必须迎合市场，演一些小市民爱看的言情戏和闹剧，体格上尽管被称为"每况愈下"，但它烟火味十足的姿态，和贴近百姓市民的题材取向，也多少为后来电影切入市民市场，积累了一些经验。通俗二字，从一开始，就注入了中国电影的血肉之躯里。

5

上海文化，也就是所谓"海派"文化，不是像歌里唱的，丢了一粒籽，发了一颗芽，它是原生的也有一点，外来的也有一点，更像是一株嫁接的树，因为资源丰富，所以常常开出一些诡异又艳丽的花。

大致说来，海派文化最初有三条非常重要的文化支脉。一条是吴文化，一条是越文化，再有一条就是西洋文化。这一点，在上海话里反应得特别真切。上海话，有点像苏州话，有点像宁波话，说着说着还掺杂点英语。因为要跟洋人交流，时间久了，那种不是很顺口，外国人多少又能听懂的语言，就成了"洋泾浜"。

海派文化是很有意思的。它一方面是细腻的，像吴侬软语；一方面它又是干脆爽利的，像响呱呱的宁波方言。宁波话里有很多叠词。比如，毕毕跳跳、嘟嘟飞飞、格格笑笑、急绷绷、怕势势、酸汪汪，说起来珠滚玉落，有点像机关枪，给人一种嘈嘈切切的感觉，不是大珠小珠落玉盘的那种，而是下盐粒子的那种，听多了会让人感觉不耐烦。宁波人多半也是爽利的。张石川就这么一个爽利的宁波人。

不过，张石川没有郑正秋那么幸运。郑正秋是富家公子，不愁吃，不愁穿，而张石川刚出来闯世界的时候，经济上是非常拮据的。张石川天生是个做生意的好坯子。他家里原本就是做蚕茧生意的，家里人的脑筋也围着生意二字转。就比如，张石川，他原来叫张蚀川，后来家里人越想越不对，蚀，含有亏的意思，亏？那岂不是要亏本？于是就

张石川

改成了石川。

人生的路，往往不是你想这样走或那样走，就能够走成的，事实情况是，老天爷会逼着你这样那样走。如果 16 岁那年张石川的老爹不去世，又或者家里留有存款，他绝不会走出宁波，但老天爷显然不想这样安排。16 岁的张石川拿着行李，一步一步走出村口，将是怎样一种复杂的心情？朝后看，是山清水秀，安稳又无望的乡村生活；朝前看，是荆棘满布，一眼瞧不到头的人生路。

上海，那是怎样的一个十里洋场，想都想不出的灯红酒绿，繁华似锦，但在那里，摔个跟头都比其他地方疼些。张石川是个机灵孩子，他提醒自己，万事留心。好在到了上海滩，他还有一棵大树好依靠。那就是，他的娘舅经润三。有了这棵大树，人生的路总归好走一点。

提起经润三，又是一个传奇故事。作为当时上海滩有头有脸的富豪，经润三留下史料甚少，他甚至都没传下来一张照片，属于低调富豪。他在上海滩的发迹史，与当下有一种奇异的对照。说起来好玩，他是靠房地产发家的，搞工程，自己也投资。

他开的大公营造厂（相当于现在建筑公司，经润三相当于包工头），接下的活计，都是上海滩数一数二的大工程，比如上海滩人尽皆知的新老沙逊的官邸，还有著名的哈同花园，都是他承建的。地产业有一条不成文的金科玉律，那就是：地段，地段，还是地段。经润三深谙此道，他一直醉心于购买地皮，后来的新世界、宋庆龄公墓、市三女中、教会女中，都用的是他经家的地皮。

往远了说，后来经润三死后，他老婆汪帼贞做慈善，把自家在江苏路的那块府邸地块大部分捐给了教会女中，顺理成章地成了教会女中的校董，每年都会盛装出席毕业典礼，笑容可掬地给每一位女孩颁发红彤彤的毕业证，优雅慈祥。就是这个教会女中里，走出了宋氏三姐妹那样的优秀毕业生。

经家对上海滩历史或显著或微妙的作用暂且不谈，我们把目光拉回到张石川身上。且说他到了上海之后，投靠了这么一位叱咤风云的亲戚，就仿佛漂泊不定的小船，一下子找到了避风的港口，生活也不愁了，工作也有了，他还有了学习的机会。

一个农村孩子，书读得不多，好在几个字还是会写，于是经润三就把他安排在华洋公司抄写文书，以此谋生。不过，张石川深深知道，在上海滩这个地方，光这么抄抄写写，是没有出头之日的，他得学习，得上进。

学什么？呵呵，学英语。很明显，在上海这片洋人汇聚的地方，不懂点英语，是混不开的。相信那一阵，是张石川非常难熬的一段日子，这里的难熬，是指身累，白天上班抄写文书，晚上还要忙不迭地去补习英文，学习之艰苦，恐怕只有他自己知道，但好在他有信念，所以心情大抵是愉快的。他很快就能够说一口"洋泾浜"英语——多好谈不上，但起码交流起来没问题了。

更何况，他不是没有业余生活。他迷上了文明戏。他舅父经润三见他入迷，索性让他在公司组织了一个文明戏的小团体，叫"鸣社"，任命张石川做经理，打理大小事务。

玩票文明戏，对张石川日后涉足电影圈，有两个益处：第一，他结识了一批朋友，认识了日后一批重要的合作伙伴，包括郑正秋；第二，他积累了难得的艺术感觉。

在拍电影之前，张石川肯定看过电影，"西洋镜""影戏"那时候已经在上海茶馆和娱乐场地作为逗乐观众的点缀出现。内容都是一些小东西，类似喜剧小品，是洋人眼中的中国，滑稽是有，当总归有点不入味儿。张石川偶尔会有个想干点什么的念头，但一时又不知如何入手。

亚细亚影戏公司员工在上海香港路摄影棚内的合影

1911 年，辛亥革命来了，但在上海这片地方，尤其在上海的租界里，革命对人们的影响，就仿佛天上下了一场雷阵雨，过去就过去了，大家还是做着自己的发财梦，过着自己的小日子，不亦乐乎。1911 年，接手布拉斯基的亚细亚影戏公司的两个美国人依什尔和萨弗，敲响了张石川的门。可以说，他们两个当时是非常迷惘的。拍电影，技术上，他们懂，可中国人要看什么，他们真有点号不准脉。他们希望张石川能帮帮忙，做做顾问。张石川一口就答应了。

张石川是个天生的生意人，他向来胆大。后来他在《自我导演以来》中说："为了一点兴趣，一点好奇的心理，差不多连电影都没有看过几张的我，却居然不假思索地答允下来。"他的这种答应，有点像现在的内容承包商，美国人提供机器，提供技术，中国人包办编导演。张石川靠着一个机会误打误撞，从洋行的职员，转身成为电影公司的导演。他兴兴头头，拉来了著名文明戏演员郑正秋，成立了新民公司，准备大干一场。1912 年，中华民国的序曲才刚刚开始，张石川便在门口挂上了"亚细亚影片公司"和"新民公司"两块牌子。这一年，他才 22 周岁。

6

来得早不如来得巧。张石川进入电影界，好像是丝线过针眼，刚卡在肯綮上。那种运气，真是冥冥之中有天定。洋人带来了新玩意，但因为不了解中国的国情，他们制作的电影，就好像一个厨师端上一盘菜，看着是中餐，扒开一看，尝一口，却是西餐的味道。中国的观众不乐意了。张石川却是个彻头彻尾的中国人，而且他还充满活力与市井气。张石川是一眼活水，漫肆横流，他需要找到一个方向，一种路径，他小心地探索着。

张石川找来了郑正秋，他有经验，做过文明戏，在编剧方面是老手，那一种对中国世俗社会认清的洞察，无人能及。张石川不是专业性的人才，但他是商人，他有一双慧眼，懂得用人。他天生的商业上的敏锐，让他总能够找到对的人做事，而他自己则适合坐镇军中，运筹帷幄。张石川是悬崖上的一棵老松，俯首望下去，很有些运筹帷幄的意思。张石川找到郑正秋，是天意，也是绝配，他们一个文，一个武，以一种相反相成大开大合的姿态，对撞出中国电影最初的精彩。张石川管技术上的事，郑正秋则负责内容的创意，再直白一点说，张石川就是现在所说的导演，郑正秋则更像是编剧。《难夫难妻》这部电影，光就题材上说，一下就搔到了市井观众的痒处。

《难夫难妻》首映时的海报.

《难夫难妻》剧照

《难夫难妻》有好几个吸引点。第一，它是剧情长片。观众需要看故事。第二，它是现实的婚恋题材。这一题材最贴近时下百姓的生活，它不是远在天边的，而是近在眼前的，它是与人皮贴皮肉贴肉的，再平凡的家庭，再普通的人，在人世活着，也见过几出婚恋的闹剧。第二，它抓住了一个时下的有趣味的热点——反对包办婚姻。一对素不相识从未蒙面的男女，在媒婆的巧舌之下，像傀儡一样拜了天地成了亲，然后，便过起了"难夫难妻"的生活。当自由恋爱的风潮席卷清民之交的中国大地的时候，《难夫难妻》踩着云头，稳稳落在了上海这片新旧交替的土地上。《难夫难妻》的故事是旧时代的故事，可传达的精神，却是新的。它是旧土壤上开出的新花，是老树干上发出的新芽，有那么点新的味道，但还没壮大，也那么点旧的气息，但又不陈腐。它刚刚好对了上海赶时髦的小市民那种半新不旧的口味。

"亚细亚"公司位于香港路5号拍片现场的工作照，立于摄影机旁指挥者为张石川

写这个剧本，郑正秋煞费苦心。他是现实主义的，他从老家广东潮州的婚恋闹剧故事里摘出一点来，吹一口气，变成了一个喜剧故事，略带点嘲讽，又有点无奈，一半笑一半泪地看这个荒诞的世界。几乎是触手成春，他一上场，就奠定了中国主流电影的两个重要质素：剧情和现实。

有趣的是，在中国的第一部剧情长片里，女演员是不见的。即便是故事里的那个"难妻"，也是由一位男演员女扮男装，强行出演。郑正秋搞过文明戏，文明戏的演员一律启用男子，女子是不登台的。张郑二人来拍电影，用的就是文明戏的演员，所以，即便是女性角色，也只好用男演员来强行演出。那一种不伦不类，多少有些可笑。文明戏是在舞台上表演，男扮女装，在舞台艺术中，自古就有，现在也还流行，但到了电影中就不一样了，电影是胶片拍摄，在镜头追踪下，演员的优点和缺点都会放大。虽然《难夫难妻》全戏采用远景拍摄，没有特写，远远地拍着，似乎是看不真切，但那种混淆性别的做作，还是让人觉得别扭。就好比一个粗壮的男人身体，却穿了女子的衣裙，其不合适之处，明眼人都看得出来。这不是那一点的不合适，而是整体气质上的不同。更何况，电影与戏曲又不同，电影的写实与戏曲红的绿的虚构性的浓妆，大异其趣，让男演员怎么躲呢？于是，中国电影的女演员们，在现实需要的引力之下，呼之欲出了。

蓓蕾 · 暗黑的花【@早期女明星】

1

中国的老戏曲舞台是很有意思的。两点，一个是写意，戏曲的脸谱走夸张路线，动作上也是非常有指称，一挥鞭就是一万里，几个小道具就代表千军万马，在这方面充分体现了中国人的想象力。另外一个，就是在演员的配置上用男不用女。不过，这里所说的用男不用女，并不是说中国的戏曲舞台上没有女性角色。鲜活的故事，怎么少得了两性的纠缠？只不过，女的不好出来演，那就用男的代替。于是，男扮女装大行其道。

其实，在元代以前，男扮女装的情况有，但戏曲舞台上活跃着的女演员还是不少的，所谓双管齐下，百花齐放。可是，到了宋明之际，理学兴盛起来，再有女人上台演戏，那些卫道士们就不同意了，恨不得站出来指着骂：一个妇道人家，怎么可以和男人同台，女子抛头露面，简直有失体统！女人们吓得躲进了家里。

为了限制女人的行动自由，卫道士们又出了一招。《女儿经》上说，"裹了足，不因为好看如弓曲；恐她轻走出房门，千缠万裹来约束"。女人们一个个都成了三寸金莲，更不好上台演戏了。男旦取代女人成为戏曲舞台上的女主角，成了演戏的题中之意。

明清之际，男旦蔚然成风。比较出名的有秦腔男旦魏长生。不懂行的人，可能会说，明知道是男扮女装，有何好迷恋的呢？而深陷其中的票友，却能从音色、身段、装扮种种方面，看出男扮女装的好处来。而且，男人扮女人，不但音域宽广，气息足，还能勾起观众的古怪的窥视心理。

男旦对于男性观众和女性观众，都是讨好的。男人们坐在戏园子里，放眼望去，那一方戏台上，婷婷袅袅，余音环绕，那身段，那扮相，那姿态，分明是个女人，一恍惚也就忘了演戏的是个男人。于是，男人们高兴了。女人们看过去呢，虽然台上是个女人，但她们心里却跟明镜儿似的，演戏的是个男人。于是，女人心里对台上的男演员也有了怜惜。两性通吃的便利，让男旦演员更容易成功了。

从徽班进京开始，京剧200年的历史，基本都是男旦一统天下。只有男人能做女主角。这种奇异的演戏规章，在观众们兴奋的哭喊叫嚷的吹捧中，竟也坚持了下来，到了晚清、民国，男旦之风更是达到了烈火烹油的地步。四大名旦，四小名旦，京剧艺术在这批人手里，愈发成熟精美。

男人霸占了女人的舞台。那女人去干什么了？为了充分发挥生产力，养家糊口求生存，女人们也都没闲着。无奈的是，毕竟还是男权社会啊！于是，现代以前的中国女人出来，挣口饭吃，除了手持皮鞭的女匪首，大多数做的，都是有些让人瞧不上的工作。

以上海为例，远的不说（上海的历史也不长），晚清上海开埠以来，上海女性服务业就大行其道。长三、幺二、花烟间，乃至野鸡，各个层次的妓女出现了。男人们在出了戏园子之后，还是有和女人接触的需求，生意场上，也需要有女人来绷绷台面，男人是土，女人是水，社交场合有点水调剂调剂，总归热闹些。所以说晚清上海的妓女，多少是有些公关人员的意思的。

想要深入了解那个时期的状况，可以去看看韩邦庆的小说《海上花列传》，那里面多少反映了晚清上海男人们的欲望消费需求。晚清内忧外患，但也有很多人在国难中找到了发财的机会，成了最初的一批中产阶级。上海这个地方，是最早有中产阶级的（由官员和商人构成）。他们和传统的地主不一样。他们的钱往往不是一分一分攒起来的，他们都有点投机的意思，同时他们对于女性的消费，也较之传统的士大夫，更有时代特点。他们非常小资。

《海上花列传》里的嫖客和妓女，常常都是长期的客户关系，而且一般是一对一，一相处就是三四年，其中也不乏培养出感情的。刚出社会的年轻人，长辈们也会主动帮他们张罗相好的，以方便他以后在社会上走动。

而且，妓女们领导了社会的时尚潮流。《海上花列传》里高级妓女的头面（即首饰）、吃食、服装、住房，都非常讲究。因为妓女要想生意好，派头（包括美貌）几乎是首要条件。

还有个细节很有趣。晚清的妓女们，很喜欢"坐马车"，《海上花列传》里的红牌长三沈小红，尤其喜欢坐马车。坐马车是她生活中一项重大的开支。坐马车还有一个重要的作用，就是做广告。妓女们穿得美美的，粉打得香香的，发式做得潮潮的，坐上马车，在各大马路上一跑，真是招摇过市。男人们看到了，稍微有钱点的，都想去会会这些红牌美人，女人看到了，都想去模仿妓女们时髦的装束。

妓女成了时尚的代言人，而在马路上溜达的那一小会儿，她们也成了普通人视觉消费的对象。到了现代报业发展起来了之后，在上海这种土洋结合的地方，妓女选美（"花榜状元"）经常会在小报上出现。普通人的窥视欲望，较之以前，更加得到了满足。

晚清中国，政局是动荡的，但社会观念却在一点一点进步。西方观念、审美、行为方式，随着清朝海防的断裂，一下子涌进来了，那情形有点像一颗泡腾片，不小心掉进了水里，化学反应一下就起来了。但是这种变化，是你中有我，我中有你的。因为传统和现代不是一刀两断的，而是交融型的、中国式的。特别是辛亥革命以后，有人宣传，女人可以解放了，出门工作了，去革命了……推而广之，女人也可以演戏了。

这种论调立刻就遭到卫道士的反对。1914年，敢第一个吃螃蟹的女人登上了新剧的舞台，保守派的唾沫星子跟着就恨不得喷到人家脸上。有个善于男扮女装的演员"凤昔醉"，就在《解散女子新剧社感言》中大放厥词，大概意思是说：现在的这些演新剧的男人，好的好，坏的坏，自己都没弄明白呢，何况没有知识的女人呢？女人登台演新剧，就是败坏妇女界的名声，大大的要不得！女人最重要的就是当贤妻良母，何苦来做什么女演员呢？

这是新剧界。

电影界的情况跟新剧界相比，还要更难一些。1905年，中国电影在谭鑫培的唱念做打中诞生了。不过，国人对于电影的接受程度并不高。最开始是怕，怕铁盒子把人的灵魂收进去了，然后是鄙视，觉得演戏都是末流。一面看戏，一面又看不起演员，这是一种很奇怪的心态。

女人演电影，那更是伤风败俗为人不齿的了。许多中国人从情感上不接受。

但是，从西方摄影术演变出的电影艺术，本身是个非常写实的东西。它不像中国的戏曲，抹上夸张的油彩，或是戴上夸张的面具，就给观众插上想象的翅膀了，所以男扮女装成为可能。

电影不是。电影首先要"真"。它强大的真实感，让男扮女装的这种演出形式，变得有点打肿脸充胖子的意思，特别别扭。男的就是男的，女的就是女的，装什么，好好演就是了。这样一来，中国的女演员便不得不在追求真实的电影中显出一丝光影了。

2

1913年，万象更新，各路人士在新的历史舞台上粉墨登场，积极抢占先机，努力折腾出个新局面，找到自己在新时代里的位置。但这一年，美国人布拉斯基却有些灰心丧气，公司没办好，他自认为了解中国，但真等到他蹚入上海这潭既热闹又混乱的浑水里的时候，他才发现，中国的市场并不像他想的那么简单。他把亚细亚影戏公司盘给了洋行朋友，一路南下，准备从香港转道回美国。

在香港，他遇到了广东的黎家兄弟：黎北海、黎海山和黎民伟。这个几人都想做电影。一聊，兴致一来，一拍即合，跟着就成立了一家电影公司，叫"华美"电影公司。布拉斯基愿意出设备，再玩一把电影，黎家兄弟做编导，也是兴兴头头，一身的干劲。

说起来容易做起来难，突发奇想的合作，首先遇到的问题就是演什么，第二个问题是找谁演。演什么很快就确定下来了。老祖宗留下的东西有的是，不愁没得演。黎民伟从明代传奇剧本《蝴蝶梦》中，截了"扇坟"那一段，讲的是古代大哲学家庄子用诈死来试探妻子是否守节的故事。题材就此定为古装剧情片。

找谁演成了大问题。布拉斯基显然等不了很久。可一时半会，急着抓瞎，找一些不认识的人来演，根本达不到演出效果，显然不靠谱。黎氏兄弟无法，情急之下只好亲自上阵。在没有合适的演员的情况下，电影编导充当演员，可见早期电影拍摄的不成熟和艰苦。黎北海演庄子，黎民伟反串庄子之妻，严姗姗演一个婢女，一家人愣是组成了一个剧组。这部电影的名字就叫做《庄子试妻》。

这是个很有趣味性的电影。一部片子最吃重的角色，是男主角和女主角。比《庄子试妻》早一些，郑正秋、张石川在上海拍了《难夫难妻》。这是一部讲男女两性婚恋的电影，但女主角还是由男人扮演的。而到了《庄子试妻》，情况稍稍有些改变，虽然吃重的女主角庄子之妻仍然由黎民伟男扮女装来饰演，但如假包换的女人严姗姗，到底也开始参演到不吃重的婢女角色。

在中国，男人们长时期地霸占了女人的舞台。因为按照封建礼教的观念，女人是不能抛头露面的。女人是内人，只能在闺房活动，只能给自己的男人欣赏，为了防止女人走出房门，缠脚也逐渐成为一种趣味。用意很明显——让你走路都不方便，你就不好出去厮混了吧。总而言之，女人演戏，天理不容！

黎民伟反串庄子妻子

到了民国初年，人妻也悄悄迈出来了，而且不但迈出来了，还迈到了胶片上，化身成为永恒的光影。严姗姗的演出，与其说是一次演出，不如说像一枪信号弹，不经意地一闪，就照亮了整片暗夜。她慢慢地从光影中走了出来，不起眼地，慢慢地，一个定格，微笑，就奠定了她在中国电影中的独特地位。

1913年的初春，严姗姗跟着丈夫和大伯哥，兴兴头头在露天片场忙碌着，她可能根本想不到自己会成为"第一"，会成为一名"女演员"，但当她在摄影机面前，轻倩地一站，这一切，就轻松实现了。

3

在这里，不能不提一下严珊珊，她又是一段传奇。严珊珊是广东省南海县（今广东省佛山市南海区）人。这个地方很神奇。它在历史上是广东的政治、经济和文化的中心。它是文化扩散的重要的点，北方的文化传过来，传到这里，然后再从这里扩散出去，影响整个广东。也就是说这个地方的文化积淀其实是比较深厚的。

神奇的南海县，很自然地出现了很多神奇的人。比如搞戊戌变法的康有为，搞铁路的詹天佑，后来被"神话"了的黄飞鸿，都是从这里出来的。南海女子严珊珊，也自有一种清奇。

她热血勇猛。15岁遇到辛亥革命，广东光复后，她报名参加北伐女子炸弹队，大胆踏上时代潮头，变身革命者。那可是炸弹队！严珊珊敢为天下先的精神可见一斑。

但这还没有完。严珊珊一辈子都挺先锋。

1913年，她和在香港读师范时认识的丈夫黎民伟共同创办了香港美华影片公司。2月26日拍《庄子试妻》，她演婢女，成为中国电影里的第一个女演员。

严珊珊做女演员。显然不是因为她爱演戏。也并非是想凭借电影"成名"。她拍电影，大抵是源于对丈夫的无条件支持。严珊珊非常具有牺牲精神。她参加炸弹队，不怕牺牲。她在电影里扮演角色，同样不怕世人的指摘，她敢做第一个"吃螃蟹"的人。

这种牺牲精神贯穿严珊珊一生，她善于"成全"。严珊珊知道自己热衷于"社会活动"，可能常常照顾不到家庭，她担心丈夫黎民伟不满意，竟然主动留意别的女子，想替丈夫"撮合"。

1919年，严珊珊遇到了香港女孩林楚楚。林楚楚，听名字就可以想见，是个楚楚可怜的美人。严珊珊细细打

严珊珊

量暗暗观察了一番，不禁窃喜，林楚楚就是她想要找的那个人——自然温婉的女子，贤妻良母的模范。严主动出击，撮合林楚楚和自己的丈夫。林和黎很快就走到了一起。

严姗姗是从旧时代走出来的风风火火的新女性，黎民伟也是接触惯了西洋的新事物、先锋式的艺术家、革命家，这样的夫妻搭档，忽然加入一个新来客，多少显得有些奇怪。不过，这种组合，也有些像是两块面包夹着一块肉片，奇异地制造出了一个新事物：汉堡，堪称另一种美味。

也许人们想问的是，严姗姗不嫉妒吗？别的女人分享了她的丈夫，她不再是他的"唯一"。而且，1919 年，恰恰五四新文化运动肇始的一年，女性恋爱自由，婚姻自主的口号喊得正响。严姗姗在这个时代中一手包办了丈夫的新恋情，更厉害的是，她还和林楚楚"不分大小"，平等相待，两人并没有妻妾之分，就连严珊珊的女儿黎兰，睡觉时也更愿意选择和小妈林楚楚睡在一起。这种包容的境界，古今少有。一夫二妻，黎民伟坐拥严姗姗、林楚楚两大红粉，福气匪浅。

1924 年，黎民伟组建的民新影片公司拍《胭脂》，这是部从《聊斋志异》里的故事改编的片子。还是一家人组成剧组，黎北海做导演，黎民伟演男一号，林楚楚演女一号。《胭脂》是香港第一部故事长片。（林楚楚的孙女黎姿后来也成为电影女演员。）

从《庄子试妻》到《胭脂》，从严姗姗到林楚楚，这是中国电影女演员群一次有趣的演进，她们都是黎民伟的妻子，都在早期中国电影史上举足轻重。她们因为爱上一个爱演戏的男人，而当了女演员。而这种从影模式，在中国第一个真正意义上的电影女明星殷明珠身上，则体现得更加波澜起伏，淋漓尽致。

4

前面讲过，亚细亚公司办到拍完《难夫难妻》之后，就办不下去了。因为一战爆发了，欧洲的仗打得一塌糊涂，陆路战火纷飞，海路闭塞，工业停滞，德国的电影胶片无法正常运送来上海。上海滩弄电影的一批人，只好另谋他途。

郑正秋还是去搞他的戏剧演出，张石川还是去搞他的商业经营。电影业消歇了几年，像埋着火种的灰堆，只能隐隐地看到一点橙红。按照惯常的说法，战争使得帝国主义们无暇东顾，上海的民族资本主义找到了千载难逢的喘息、生长的机会。面粉、纺织、缫丝这些轻工业，倏然崛起，红红火火。可等到战争一结束，洋货又恢复供应，民族资本主义重新面临挑战。

资本是一只势利的狗。哪里有钱往哪里钻。轻工业既然不行，那就往投机行业钻吧！1921年，中国大地上一下冒出140多家交易所，如"雨后春笋"，真快啊，可到了1922年开春，就倒闭得只剩12家了。这样的大起大落，多少反映了当时中国民间资本的焦躁。在那雾茫茫的投资氛围中，一盏灯忽然亮起，给了不少投资商一线光，一份暖。电影放映行业，这个上海滩头的朝阳产业，神奇般地迎来了东奔西突的资本，逐渐焕发了生气。

商务印书馆在民国的出版业是龙头老大。但很多人也许不知道，他们也曾经搞过电影。1917年，商务印刷馆低价购进过一批摄影器材，成立了活动影戏部。商务印刷书馆拍电影，最初可能没想着赚钱，而是想多教育教育民众，所以走的是严肃的路子。他们是想披荆斩棘的。

因为在他们看来那个时候上海的电影环境非常差。外国片"轻薄险诈"，国片又常常男扮女装，忸怩作态，不忍卒睹，所以商务想走严肃片的路子，这在世俗的上海多少有点曲高和寡（上海的市民观众喜欢新鲜、刺激的爱恨情仇）。但他们有器材，后来的几部影响较大的片子，都是由商务"代制"的，也算一功。

正当中国电影一筹莫展的时候，一个叫阎瑞生的年轻人，帮了大忙。阎瑞生是个天生的煞星，属于心狠手辣的类型。4 岁时有小朋友往他喝的豆浆里放香灰，他立即反击，朝人家吃的面里放苍蝇；13 岁，他用 10 块大洋买了两只蟋蟀，准备在斗场大展拳脚，结果蟋蟀不争气被斗败，他气得当即把它们捏死。

1913 年，阎瑞生进了上海的震旦学院。他本性难改，不服管束，喝酒嫖妓读博样样来得。为了赌博方便，他还发明了豆腐干骰子，赌起来无声无息，赌完还能吃下去，堪称"绝妙的赌具"。就这么一天一天地胡来，学校终于忍受不了，毕业前把他赶了出来。没想到阎瑞生竟然失学不失业，他凭借流利的外语，在洋行谋到了一份高职，拿着一份高薪。他更嚣张了，玩得昏天黑地。

1920 年的某个清晨，从赌场走出来的阎瑞生有点晕头转向。那一夜他输了，输个精光。他急于翻本的心情像一只饿狼，驱使着他四处游走。他需要钱！他想要翻本！赌场无朋友，焦急的阎瑞生只好找欢场上结识的妓女题红馆借了一枚钻戒，拿去典当，再拿着典当来的钱，去买彩票赌马，结果还是输！这下阎瑞生真是输红眼了，脑子里就想着翻盘，就想着赌本。

一天，他在富二代好友朱老五家（他爹朱葆三是上海巨富，办过保险公司、铁厂，投资多种行业，辛亥革命时期，曾担任沪军督府财政总长），遇到了满身金银的"花国总理"王莲英（知名妓女），顿起歹意。接下来就是凶杀。不能不说，世上的坏人，常常也是聪明人（虽然最终是"聪明反被聪明误"）。阎瑞生施行凶杀，有条不紊：首先，他向朱老五借了高级轿车充门面；然后，邀请王莲英去兜风；王莲英上车后，他不由分说一路狂开到郊野，然后玩到半夜；同伙吴春芳出现，两人联手，用事先准备好的麻醉药把王闷倒，勒死，抢走财物；最后把王莲英抛尸野外，两人逃匿，以为可以逍遥。

只不过恢恢天网并没有让他们如急窜的小鱼般漏掉，杀人事件很快爆发，警方四处追捕，不久两人落网，供认不讳，最终被判了死刑。阎瑞生杀人越货的故事，像一颗石头掉进湖里，经由警方、法院、报纸媒体以及闲来无事的沪上百姓一层一层传播，俨然成了一则话题性极高的、有热度、有看点的坏传奇。洋场恶少、花国总理、赌博、野游、杀人越货，这些刺激性元素混合在一起，深深"打动"了俗世里的百姓。

郑正秋的好朋友"闻鸡起舞"。上一章说到郑正秋当票友，和一批唱京剧的名角儿混在一起，其中就有夏月姗、夏月润兄弟。他们在上海经营新舞台，锐意革新，一见阎瑞生杀人案引起轰动，立即着手改编——改编成文明戏，就叫《阎瑞生》。该剧果不其然大热，一演就是半年。

文明戏火了，一直想搞电影的一批人脑子也开始活泛起来。徐欣夫、顾肯夫、陆洁（早期电影导演）联合最早做电影投资的陈寿芝、邵鹏等几个人，成立了一家"中国影戏研究社"，就为了拍《阎瑞生》这一部片子。

他们四处找钱，又跟商务印书馆合作。因为商务有机子。很快，《阎瑞生》剧组成立了。电影资方陈寿芝、曾鹏在洋行工作，跟阎瑞生同行，就被请来演男一号阎瑞生和男二号吴春芳。女主角则请了从良的妓女王彩云来演，她以前是王莲英的好姐妹，演起来不费劲。

细心的人会发现，《阎瑞生》的选角是很有趣的。第一女主角演的是个妓女，她自己也是妓女（虽然已从良）。妓女演妓女，驾轻就熟，本色演出，对整个戏出效果，大有裨益。但从另外的角度说，

让妓女演妓女，大半也是因为，导演实在找不到"正经女人"来演戏，更加找不到"正经女人"来演"妓女"！女演员问题，其

《阎瑞生》海报

实从中国电影发展之初，就是一个很纠结的事，只是在《阎瑞生》这部戏还没有凸显罢了。

5

《阎瑞生》一上映就很轰动，影迷无数。电影用它的真实性，征服了观众。评论家说，这部片子"在真实性追求上作出了前所未有的创造，演员的表演因较熟悉剧中人，也有突破"，"编剧紧凑，男女演员均能适如其分，其中主要而最精彩者，为饰演阎瑞生的陈君，神情状态活画一堕落青年，观之殊足发人深省，国人自摄影片竟能臻此境界，殊出意料之外"。当然也有很多人说它"色情恐怖"。不过，争议也只能让它更火而已。

借助一桩凶杀案，于好莱坞影片包围中，国产电影在上海滩立住了脚跟。它赢在真实、刺激，剧本过硬，但它远未能推出"明星"。但《阎瑞生》的作用很明显，它的成功，像一针兴奋剂，

《阎瑞生》剧照：此片因真实表现谋杀场面而引起轰动

大大刺激了中国的电影业。投资人见电影业有利可图，便像苍蝇见了露缝的鸡蛋一样，迅速靠拢。后来叱咤风云的明星公司，就是在倒闭的大同交易所原址成立的，张石川也是利用做股票交易剩下的钱，开始做电影的。当然，这是后话。

几乎和《阎瑞生》同期，有两部"爱情长片"也出来了，一部叫《红粉骷髅》，一部叫《海誓》。《红粉骷髅》其实也可以算是"悬疑侦探爱情片"，讲了一个痴女从"骷髅保险党"手里勇救情郎的故事，当时为了宣传，还打出袁世凯的二公子袁寒云编剧的噱头，但票房还是不很成功。而《海誓》，当然也没取得《阎瑞生》那般烈火烹油般的票房效果。

《红粉骷髅》剧照：影片场景设置怪异，票房一般

《海誓》讲了一个老套的爱情故事：富家女殷福珠去海滨探亲，遇到了穷画家周选青，两人相恋，立下誓言，如果她负约就投海自杀。结果富有的表兄也追求她，她抵挡不住，答应和表兄成婚。教堂结婚那日，福珠想起从前誓言，毅然做"落跑新娘"，去找周选青。选青拒绝了她，福珠心灰意冷要去投海。选青救下了她，有情人终成眷属。

《海誓》明显水土不服。它学好莱坞学得太过了。海滨、教堂、画家、婚纱……所有的道具、表演都显得那么西化。但神奇的是，还是有很多观众要去看《海誓》，不为别的，只为了一睹女一号F.F.女士的风采！事实上，《海誓》的历史作用，也只是捧红了一个F.F.殷明珠女士而已。

当时《申报》不吝强力推荐，大书特书道："F.F.殷明珠女士杰作《海誓》六大本。"上映之后，《申报》又接着夸："《海誓》影片，前晚映于新海伦，颇受顾客欢迎，连映四天，坐客皆满。咸以殷女士之表情，十足满意也。"

6

上海滩曾经被称为"十里洋场"。海派文艺，总是最先接受外国文化冲击、洗礼的。上海人洋味十足。在女明星崛起之前，有一个女性群体，曾经接续了妓女、舞女的时髦传统，引领了沪上社交。她们就是女学生。

开埠以来，上海有了女校（比如著名的中西女校），女孩子在女校里接受西式教育，在社交上也更端然有利，格调自然比以前的妓女、舞女高了一筹。女学生爱美。发型、服装、生活作态，她们都是有自己追求的，但这种追求，往往又多需要一个模板来模仿。于是，好莱坞电影里的女明星们，成了女学生追慕的对象。好莱坞电影的文化影响力是非常惊人的。它以一种潜移默

15岁时的殷明珠

化的形式，悄悄修改并塑造着人们的审美眼光。

1921 年，中西女校里女学生殷明珠，彻底迷上了好莱坞电影，而其中，《宝莲历险记》里的女星 Pearl White（皮尔·怀特，中文意译为白珠），尤其令她钦慕。女学生追起星来，常常是非常疯狂的。殷明珠懂服装设计。她照着白珠在电影里的装束，自己扯布、设计，再让裁缝依葫芦画瓢地做一套"宝莲式的衣服"。穿上新做的这一身"洋服"，殷明珠亭亭地往镜子面前一站，左顾右盼，飞一个眼风，明珠不由得笑了。时尚是一种权力。她知道，自己将轰动社交圈。

凭借疯狂的追星热情和不俗的审美领悟，她一脚踏进了上海滩的时尚界。殷明珠身材颀长，鸭蛋脸，一对凤眼炯炯有神，天生是社交场的花蝴蝶，而且她还热情、得体、时尚、大方，会英语，懂游泳，能骑马、骑自行车、开汽车，还跳得一副好舞步。一切的一切，都是那样崭新，充满活力，洋味十足，殷明珠凭借这些新的西化的东西，与古旧中国的传统淑女划清了界限。她成了校花，她是新鲜出炉的沪上名媛！

殷明珠旗袍照

欲望推动了世界的进程。也许，殷明珠的"西化"努力，只是出于一个花季少女的虚荣，但毫无疑问，殷明珠享受着小范围成名的快乐。20 年后，一个同样从中西女校出来的女生张爱玲说，成名要趁早，太晚的话，快乐也不那么痛快！这句话，殷明珠想必心有戚戚。她被社交界称为"F.F 女士"，这是 Foreign Fashion 的缩写，意思是西洋时髦。

殷明珠成了时尚界当之无愧的一姐，风头大得许多男女都为她"闻鸡起舞"，男的是想一睹她风采，女的是想学学她的风采。虽然，她当时也只是一个邮电所的小职员。餐厅、舞厅、跑马场，殷明珠的名声，就是通过你告诉我，我告诉你的人际传播方式，日长夜大。但是，光靠口口相传，F.F 小姐顶多也只能成为一个时尚小圈子内的达人。想要名气更大，她需要大的传播平台。

7

这天，殷明珠坐着黄包车，匆匆地朝约定的咖啡厅赶。繁华的上海，沿街的叫卖声、电车声、行人的喊喊喳喳在耳边呼啸而过。她又习惯性地想起自己 13 岁那年，父亲殷星环得了急病，一家人慌得失了魂。父亲是家里的顶梁柱，一旦过世，剩下的母女俩，生活之多艰可想而知。

那注定是个哭泣的季节。可悲剧转为喜剧，也只在命运之神的手指间。在黄包车上，明珠的脑海里清晰地记得有人来给她们报喜的情景。中了！中了！邻人跨过门槛高喊。父亲之前买的发财票（即彩票），正好在中秋这天中头奖！真是天大的讽刺！家乡成了伤心地，殷明珠随同母亲，带着钱，来到繁华的上海，从头开始。

明珠 14 岁进中西女中，她自己都没想到，三下两下，她就成了"首席校花"，社交界的宠儿。明珠也知道，母亲一门心思想把自己的培养成淑女，以后嫁个好人家，她也好重振家风，可现在，她居然答应这位姓但的女同学，一起去见她的伯父，说是要去拍电影，抛头露面，不用说母亲都不会同意！

殷明珠坐在黄包车上内心恐怕是不安的。对于拍电影，明珠是又喜欢又恐慌：她喜欢好莱坞女明星白珠很久了，服装、姿态、做派，都亦步亦趋。现在她竟然也有机会拍电影！真是想都不敢想。不敢想自己也能成为明星，也不敢想自己会如此突破尺度，在银幕上表演。

殷明珠下了车，但同学已经在咖啡厅等着了，她旁边还坐着一位圆脸、大鼻子的男人。明珠慢慢走过去，那男人有些兴奋，明珠坐下来，点了一杯咖啡，但同学主动招呼。明珠微微笑着。不一会儿，她便知道了这个男人叫但杜宇，画月份牌和杂志封面起来的，在上海滩有些小名气。现在，他想拍电影，爱情片，女主角的设置也很有些好莱坞女明星白珠的味道。但杜宇问：久闻 F.F. 女士大名，不知是否有意……殷明珠爽快地答应了。能到大银幕秀一把，要比上 10 次杂志都要带劲儿。明珠一向新潮，在她看来，时尚不是跟出来的，而是尝试出来的，活出来的。

1921 年，《海誓》剧组成立。但导演在上海闸北的一块空地搭起了摄影棚，神奇的是，但导演还同时包揽编剧、摄影、洗印、美工、布景、制作的职务，创业艰难，但杜宇不怕筚路蓝缕。《海誓》拍了半年，殷明珠颇为配合地演了 7 次，用了 21000 尺胶片，剪了6 大本。

8

1921 年 9 月，鸳鸯蝴蝶派名流周瘦鹃，坐在晃悠悠的摇椅里，手里拿着一本刚出炉的《半月》，心里喜不自禁。做杂志，捧角儿，他是老手。（后来张爱玲从香港回到上海，想闯入文坛，也是拿着文章，去给周送礼，希望能在《紫罗兰》杂志被刊登出来，周瘦鹃的影响力可见一斑。）早些时候，《时报图画周刊》看出了时尚名媛 F.F女士的小照，很抢了些风头，这回轮到他的《半月》了。

新文化运动起来之后，鸳鸯蝴蝶派遭到新文化人的抨击，但在上海的市民市场里，鸳鸯蝴蝶派的东西，还是占绝对主流的。周瘦鹃 1914 年就开始编《礼拜六》周刊（不久停刊，1921 年复刊），

1920 年，他手里又掌管着沪上大报《申报》自由谈栏目的副刊。他手上还有几个杂志很有名。《紫兰花片》完全是为了满足周瘦鹃的自恋情绪的，每月出一本，全部登他自己的创作和翻译。《半月》，封面是三色铜版纸印刷，30 开，形式非常新颖。

早些时候，周瘦鹃听说老朋友但杜宇要拍《海誓》，心里一惊，因为一年之前，他还和但杜宇、朱瘦菊（鸳鸯蝴蝶派大热小说《歇浦潮》作者）共同出钱，从法国人贝克纳手里买了一架"爱拿门牌"电影摄影机。捣鼓了几天，周和朱都觉得那玩意儿太难弄，便知难而退，继续回去搞自己熟悉的写作和编辑了。周瘦鹃怎么也想不到，但杜宇这小子竟然有毅力弄通机器，拍起了电影。更令他吃惊的是，他的处女作请的演员，居然是大名鼎鼎的 F.F 女士！

既然是朋友好不容请的女演员，又是名媛，周瘦鹃乐得力挺。名媛与杂志，向来双赢，这是周瘦鹃的聪明。

于是，9 月的《半月》杂志里，出现了一名叫 KK 的作者。在那篇著名的《FF》，KK 徐徐写道：

"自男女社交之风尚开，《时报图画周刊》之艳影出，人乃无不知有窈窕倜傥之 F.F 者。F.F 为英文 FOREIGN FASHION 之缩写，译意为外国式，因其装束力摹西式，极艳丽之致，出入于交际场中，进退自如，久蜚芳誉，而且装束尤擅浓华，大多别创一格，力开装饰风气之先河，在海上游戏场中俨执交际界之牛耳。人见其浓若桃李，艳媚入骨，莫不心醉神移焉。"

9

1922 年 1 月 29 日，大年初二，但杜宇执导、F.F 女士主演的《海誓》，在南京西路 742 号夏令配克大戏院首映，票价 5 元。观众纷纷涌入影院，只为一睹 F.F 小姐风采。《海誓》几乎是为殷明珠的量身定做的电影，电影中西化的福珠和现实中的明珠高度重合，F.F.女士洋派的装束和个性，成了她最强有力的名片。

一夜之间，殷明珠红了，成了彻头彻尾的女明星。哪知现实剧情突转！拍完《海誓》，殷明珠便暂时离开了影坛，开始在一家诊所做挂号员。或许在殷明珠眼里，当"明星"只是一个理想，而非职业，明星顶着光环，受人瞩目，多少有些非常态。而现在，迫于压力，内心的，外部的，殷明珠可能打算回归到平淡的生活中去了。她那时候已经是一个法国人的妻子，抛头露面实在不能被赞同和提倡，所以只好"主动"或"被动"地淡出影坛。

对于殷明珠的报道，一直持续到1924年仍有出现。殷明珠虽然"蛰伏"了。但女人出来演戏这件事，逐渐被中产阶级知识分子们推高到女子自由、女性解放的高度。渐渐地，已经有"良家妇女"愿意冲破家庭的牢笼，来完成自己的明星梦。当明星，仿佛像一场赌博，也像是坐过山车，追求的就是一个刺激。白亮的灯光下，一切显得那么不真实，电影从来都是一个梦，也像是一抹口红，一捧冰淇淋，点缀了女人们的人生，也顺带催眠了观众。谁说电影不疯狂？

《海誓》过后，殷明珠推荐与她同校的傅文豪给但杜宇，让她代替自己在《古井重波记》里演女一号陆娇娜。为了帮助傅文豪成功演出，殷明珠还向傅面授机宜，告知演出经验。傅文豪得知自己可以拍戏，兴奋得简直睡不着觉。她有了个仿照"F.F女士"的艺名，叫"A.A女士"，

傅文豪

是 Ace Ace 的缩写，意思是王牌。但另一方面，她拍戏，简直也跟做贼差不多。她还是学生，还在读书，母亲管得比什么都严，白天肯定没机会出来拍，为了赴约拍片，她只好跟母亲撒谎，说去老师那补习，晚上偷偷从家里溜出来，完成拍摄。为了迁就一个女演员，整个剧组的拍摄档期调成晚上，可见缺演员缺到什么地步。

《古井重波记》终于拍完了，上映了，反响很好，A.A 女士傅文豪高兴得发狂，可同时，母亲的干涉也毫无意外地出现了。她母亲很明确地给她下了一条命令：到此为止。上海影戏公司刚捧红一点苗子的女演员就这样重新回归深闺。无奈之下，他们又打造出一个 S.S 女士袁澹如，可惜她没啥事业心，刚拍了一部片子，就跑去跟大收藏夹颜韵伯结婚去了。傅文豪、袁澹如的从影经历，很明显向我们传达一个讯号，那就是：女学生可能有胆量从影，但她们却未必敌得过家庭的阻挠以及婚姻的牵绊。

所以，很有趣的，后来在民国影坛打出名堂的女演员，许多都是从破碎、危困的家庭走出来的。她们失去了家庭的庇护，同时也获得了自由，她们穿起高跟鞋，雄赳赳气昂昂地走出去，硬是走到镜头前，用自己的美貌和演技，闯出了一片天。山寨 F.F 的 A.A 和 S.S 女士显然后继乏力，首创明星风潮的殷明珠，才是影迷心中真正的一姐。明珠隐退之后，许多人就像怀念一颗小时候吃过的奶糖一样怀念她，一提起来，总有种甜蜜的怅惘。

当年与但杜宇一起买法国摄影机的小说家朱瘦菊，不忘在《电影杂志》创刊号上撰文鼓动 F.F 重新出山。可是，长江后浪推前浪，偶像型明星多少有些吃青春饭的意思，殷明珠玩票似的拍了《海誓》，过了一把大红大紫的瘾，那情形有点像吃了一顿美式大餐，吃完之后，急流勇退，卸下戏服，明珠回家继续做自己的平凡女人，油盐酱醋，彻底退出娱乐圈。

　　实际上，演戏像吸毒，万难戒瘾。习惯了演艺圈的繁华的人，说退出娱乐圈，多半是自欺欺人，过不了多久，就会因为种种原因，自告奋勇地复出，重新走上万人瞩目的舞台。可惜往往复出时又是新一番景象。世事变迁，新人如狼似虎，前辈不得不小心行事。等殷明珠几年后想起来复出时，明星影戏公司早培养出了王汉伦、杨耐梅、宣景琳、张织云四大名旦，风头无两。

　　殷明珠虽然依旧是但杜宇公司的台柱子，但最繁华的景观显然不独属于她，她是明日的黄花，已经不能满足今日看花人的要求，红颜易老四个字，从来不会对任何女子留情。好在，职场失意，情场得意。尽管丈母娘坚决反对，但杜宇还是在殷明珠这里收获了爱情。

　　1926 年是个战事纷扰的年头。中国的大地上，军政界波谲云诡。国民党二大召开，即将北伐，蒋介石蠢蠢欲动；冯玉祥为了避开奉系军阀的锋芒，通电下野；张作霖则宣布东北三省独立。血与火的争斗在上海的边沿一触即发。可在扬子江的入海口，岁月暂时还算静好。遇到但杜宇的时候，殷明珠已经嫁做人妇，可到了 1926 年，殷明珠的丈夫，那个法国人，在中国的任期结束了，他要回法国去，可她却不愿意跟他走。于是，两人离婚，各自寻找新的幸福。殷明珠自由了。

　　这一年的农历腊月十九，殷明珠和但杜宇，这对因电影结缘的有情人，在杭州走入婚姻的殿堂。老同盟会成员，国民党《民国日报》总编辑叶楚伧，刚在元旦启幕的国民党二大上

殷明珠、但杜宇结婚照（摄于 1926 年）

被罢了职，闲来无事，索性为但杜宇和 F.F 小姐证婚。

在婚礼上，客人们都望着身材魁梧，橘皮脸的叶楚伧，只见他站定了，缓缓说道："新郎为海上画家，为余旧友，新娘系黎里望族，与余有世谊。今日在杭结婚，而余为证婚人，其乐何如！"正如叶楚伧所说，由恋爱到婚姻，由事业到家庭，殷明珠和但杜宇是"一双璧人，天作之合"。他们在杭州的蜜月没度完，就双双回上海拍电影去了。

殷明珠时装照

1927 年，上海影戏公司又拍了《盘丝洞》，取材大家熟知的《西游记》，殷明珠演了蜘蛛精甲，影片中不乏蜘蛛精裸浴、蜘蛛精半裸舞，春光乍泄，饱受争议，也获得了票房大捷，但终究没能把殷明珠的名气重新抬起。她的种种动作，只能在影海里激起一点小浪花。当年全城瞩目的时代，毕竟一去不返了。殷明珠是老骥伏枥，宁愿拼一把，但舞台已经不是那个简单干净的舞台，市场也已经不是那个朴素的市场。人们的口味，随着电影圈的壮大，越来越多变。明星公司如日中天的四大名旦，以及胡蝶等一批后起之秀的冲击，已经让殷明珠在影坛的地位有些尴尬，她成了上不上、下不下的资深女演员，一不小心没准就成为"老艺术家"。所谓裸戏，尽管不失为一种救市策略，但毕竟不能一直裸下去。后来，但杜宇又拍《杨贵妃》，明珠刚好怀孕，无法出现，他们换了一个女演员来演，票房当即大败。

剧本上的乏力，加上女演员号召力不足，让但杜宇公司的片子折损不少竞争力。殷明珠后来又拍了不少片子，但都无法达到《海誓》的盛景。抗战爆发后，她和但杜宇移居香港，星光就此黯淡。殷明珠的走红，在中国早期电影史上，更像是一个偶然。她是一颗明珠，在适当的时机被摆到了适当的位置上，刹那芳华。但她的这种芳华，又是瞬间的，不可复现的，尚未稳定的电影工业，终究不能持续提供养料，让这颗明珠闪闪发亮。民国电影，在等待新的契机。

殷明珠晚景还算不错。在香港，但杜宇靠为《星岛日报》创作漫画为生。但杜宇死后，殷明珠曾多次回大陆探亲。殷明珠活到85岁。她有一个女儿叫但茱迪，是1952年的"香港小姐"。这一届的"香港小姐"首次与"世界小姐"接轨。但茱迪赴美参选，获得环球小姐殿军的佳绩。后来，她签约美国环球电影公司，几乎续写母亲的传奇。息影后，她也和母亲殷明珠当年的选择一样，嫁给一位在美胡姓华侨，过着简单平静的生活。

红颜 · 制造鸳鸯蝴蝶梦【@明星影片公司】

1

张石川从来都是一个商人。起先，他追求的是利润，然后稍微带那么点艺术。艺术在张石川眼里，或许只是面条上的一点香菜，蛋糕上的一撮奶油，有最好，如果在利润满足的前提下；没有，也未尝不可。对于艺术，张石川从来不是执着的，他要抓住的，是观众们的眼球，艺术则是抓住眼球的手段。与郑正秋合作了《难夫难妻》之后，作为首席老板，张石川心思又开始动了。他从自己的感受出发，觉得这类有点教化意义的家庭伦理戏，似乎还不是观众最喜欢的东西，想要赚更多钱的钱，就必须更加迎合观众的喜好，拍点他们"真正"爱看的。其实，郑正秋和张石川的磨合，并不是那么顺利的。他们一个要实现的，是艺术的梦想，另一个要实现的，却是"制片人"的追求。在题材的把握上，郑正秋无疑是前瞻的，但张石川是老板，他说了算，争论也是徒劳。张石川要拍"笑片"，郑正秋只好妥协。

在《难夫难妻》之后，张石川在一年之间，独自执导了十来部短片，全取材于文明戏正剧上演之前的短闹剧。《活无常》《五福临门》《赌徒装死》《二百五白相城隍庙》《老少易妻》，题材无聊，表演做作，尽是打闹、洋相、噱头，毫无分量，全无美感。观众可能开头还看一看，一次过后，立刻对这种滥俗庸常的东西，予以抛弃。与郑正秋主张的家庭伦理剧相比，张石川看上的这些小剧目，只是些登不上台面的小丑，不持重，没分量，无法打动观众，撑不起一片天。

1914 年，张石川仍然在玩电影，他和新晋的剧作家管海峰合作，在自办的幻仙影片公司，拍了一部《黑籍冤魂》。张石川一直想拍《黑籍冤魂》，这是一部反映中国人深受帝国主义鸦片毒害之苦的故事，但在亚细亚公司时期，美国人考虑到自己面子，不允许张石川拍这样的戏。现在张石川有机会了，他努力把它拍了出来，拍摄手法也很多变，远景、中景、近景、特写，丰富表现形式增强了电影的感染力。据说《黑籍冤魂》一面世，就获得了票房和口碑的双丰收。但实际上，电影是个烧钱的玩意儿，拍完这一部"自己喜欢"的影片，张石川便没钱了。他转而另觅出路，去做了当时在上海滩甚红的"笑舞台"的经理，又协助舅父创办新世界游乐场。

2

离开了电影业，张石川却没有离开大的娱乐产业。新世界游乐场，有点像当年上海滩上的成人迪斯尼乐园。民国的上海是狂热的，那种远东巴黎的气魄，纸醉金迷的表象，都让人觉得，民国的上海是一直在发着烧，喝过酒似的，热乎乎的，微醺的，在外滩上就能跳起舞的。上海的喜乐与旧中国里的旧人的喜乐是不同的。上海的喜乐是尖锐的，好像百乐门里白俄舞女的足尖舞，晃荡而刺激；旧中国的喜乐却是慈祥的。新世界游乐场的出现，无疑使疯狂而刺激的上海娱乐业，又添了一把火。上海是亦中亦西的，新世界也是。

老式的娱乐它有，评书、大鼓、相声、杂耍，那种浓稠的老中国的气息，裹着人声，在头顶上空飘来荡去；新式的娱乐它也有，商场、电影院、弹子房、跑冰场、茶室，洋味种种，带着明亮时髦的因子，赫然伫立。新世界游乐场一下就吸引了全上海的目光，花上两角门票钱，就能玩上一天。而创办这所新世界的，就是上海滩大名鼎鼎的经润三和黄楚九。

1914 年，黄楚九、经润三等人合伙在今南京路、西藏路口建造"新世界游乐场"

经润三是靠房地产起家的，前面说过，经家的地皮很广，后来建学校都要借占经家的地方。而黄楚九，则是做医药行业起家的大亨。1890 年他在法大马路创设中法药房，创制"艾罗补脑汁"轰动一时，赚得盆满钵满，后来他又做"龙虎人丹"，同样获得巨大成功。黄楚九出其不意的经商头脑，让他更像是一个商场上的风险投资人。上海滩是他的舞台，舞台上满布荆棘，而他就是要在荆棘上舞蹈。黄楚九做过医药，办过娱乐场，弄过交易所，开过电影公司，还创建过银行。他与经润三强强联手，创办新世界，也算绝配。但好景不长。1917 年，经润三病故，其遗孀汪国贞与黄楚九争夺新世界的权力，黄一怒之下，退出新世界，自创"大世界游乐场"，与汪抗衡。汪国贞需要一个帮手，张石川来得正是时候。

张石川不愧是一个商业奇才。他力主舅母汪国贞将新世界朝马路北面扩展，两边相通，规模更大，游艺更多，1918 年 8 月建成开幕，一时引来游人如织。张石川的头脑与干劲，有意无意地引来了上海滩另一位商业霸主的青睐——皮货大王何咏昌一心要栽培这位能干的小伙子，有意招他为东床，便特意介绍女儿何秀君与他相识。此时张石川已有婚配，张石川的原配考虑到丈夫的前程，虽然同意张石川再娶，但自己必须做“大房”。何家小姐一听恼怒，心想自己是大家闺秀，下嫁穷小子已经俯就，怎肯再做“二房”。张石川喜欢何家小姐，但又不好逆了原配的要求，心中焦急。最后还是郑正秋提出个办法，张石川与何秀君去杭州结婚，结完婚回上海，另筑爱巢。而原配和孩子，仍旧住在原处，是为“一家两处”的办法，终成为张石川闯荡上海滩的粉色注脚。

何咏昌也说到做到。他很快就推荐张石川进入上海瑞慎洋行当了买办。张石川一转身，成了上海滩银行买办里最年轻的一个人。年轻、有钱、家有娇妻，当年那个怯生生来到大都市的小伙子，似乎得到了平凡人想要得到的一切。张石川是昂扬的，意气风发的。刚来上海的时候，上海是顶在天上的，高不可攀，有点云里雾里，现在，上海踩在他脚下，上海是一片云，他驾在云上，躺着坐着，怎么都舒服。上海是他的天堂。这段时间的张石川，可能并不像许多人所说的，醉心电影，他更热衷于发挥自己才能，去赚钱。上海的资本季候，却随着全球资本流动的变化，悄悄变天了。

一战期间，西方列强忙于战事，放松了对中国市场的争夺，民族产业趁机发展了起来。可战事一结束，西方列强重新开始对中国倾销商品，民族工业无法抵挡，资本开始转向公债、土地、外汇等投机行业。张石川也恰恰在这个时候，带着何咏昌给他的钱，准备投身交易所，做证券行业。1921 年，中国各大城市雨后春笋般地出现了 140 余家交易所，引发了"信交风潮"。到了 1922 年 3 月，交易所倒闭得只剩下十几所。精明的张石川原本也想赶这个热闹。1921 年 10 月 19 日，他在《申报》上刊登广告，说在贵州路 2 号成立"大同日夜物券交易所股份有限公司"；11 月 29 日，他再次推广告，号称集资 30 余万。可是，在等待营业执照颁发的过程中，风云突变，证交行业如摧枯拉朽一般倒闭，张石川见势不好，连忙拿着何咏昌给的 2000 元，拉着几个做交易所的股东郑正秋、周剑云、郑鹧鸪和任矜苹，重新开始做电影，创立了明星影片公司。张石川出任总经理兼导演，郑正秋抓编剧，周剑云搞发行，是为"明星三足鼎"。

明星公司的创立，很有些筚路蓝缕的意思。公司对外称有五万元的资金，实际几个朋友满打满算凑份子，也才只有一万块。摄影场地和摄影器材找人租用；没有固定的演员，拍片子的话，得临时找。一切的一切都是那么简陋，很有些背水一战的意味。

那是一个喜剧当道的时代。好莱坞的卓别林，用一种近乎顽皮的黑色幽默，引出了全世界观众的笑，也带给了人们点思考。卓别林带来的笑，不是轻的，而是重的，它带着人生的苦痛，以滑稽的姿态，对世间的丑恶予以打击。上海滩的滑稽戏是一只氢气球，压不住，飘上天，经不住，终于啪一声破了。这些笑剧是没有回味的，不悠扬的，直来直往的，它像是在你胳肢窝底下瘙痒，它一不动，你立刻就不笑了。而卓别林不。卓别林的滑稽，带着批判。滑稽只是手段，卓别林的滑稽，是有点"螳螂捕蝉黄雀在后"的意味的，笑声背后，还藏着泪。

明星公司刚创立。拍什么涉及公司的发展路向。张石川见卓别林如此流行，便看好滑稽短片。他找来新世界游乐场马戏班小丑演员当主角，拍了一部笑片《稽大王游华记》，又拍了一部《大闹怪剧场》，结果都不是很卖座。张石川诧然。第一，显然他没有理解卓别林式喜剧的真正魅力在哪里；第二，他对中国电影市场观众口味的把握还不是很精准。片子拍出来，一万块资金快花完了，但却没有好的收益。张石川的明星公司眼看就要山穷水尽。就在这个时候，郑正秋站了出来。

3

张石川懂电影技术，但却没有在观众市场摸爬滚打的经验。可郑正秋不一样，用周剑云的话说就是，郑正秋"懂电影，有的是人生的阅历和舞台的经验"。长期浸淫在文明戏的舞台艺术中，郑正秋更懂得市民观众的口味，更知道他们想看什么。郑正秋是个老戏骨，又有文学素养，他来自市民，又回归市民，早年虽然也革命，但当革命的风潮过后，他这颗小水珠，又迅速回归到市民的汪洋大海中去了。但郑正秋绝不是随波逐流。他始终有自己艺术主张，驾驶着舵，走自己的航船。他讲市民爱听的故事，但又从中传达点教化的思想，也算不上先锋，无非是惩恶扬善之类的老思想、老传统，但观众一下就被打动了。郑正秋不是先锋的，而是传统的，归根到底，他要讲的，还是那点类似于忠孝节义外加点自由、平等的传奇。

从亚细亚公司开始，或者说从《难夫难妻》开始，郑正秋和张石川就有分歧。现在，张石川失败，郑正秋顺理成章地找到了尝试的机会。《孤儿救祖记》横空出世了。郑正秋还是回到了家庭伦理片的园地里，他所追求的，还是教化，还是在给观众"好看"的同时，让观众再思考点什么，明白点什么。他更像是一个古代县城里的青天县太爷，创造了一个世界，那个世界里，小人在作恶，好人在受苦，但最终，好人有好报，坏人受惩罚。中国式的惩恶扬善的老路，在《孤儿救祖记》中重现，只不过，这故事不是出现在小说里，不是出现在评书里，也不是出现在戏曲里，而是一种逼真的形式，借着西洋传过来的电影艺术的新瓶，装了一壶醇香的老酒，观众一下被折服了。国人拍电影多年来的水土不服，等到《孤儿救祖记》一出现，瞬间凭借高昂的票房涤荡一时，在好莱坞包围着的电影市场中硬是杀出了一条血路，中国电影，也正是从《孤儿救祖记》开始，才在观众的追捧下，有了那点气势和信心。

中国是个人情社会，《孤儿救祖记》正是点在世道人心。影片中的富翁杨老爷子晚年丧子，在侄子的撺掇下，赶走了儿媳，儿媳产下一子，悉心抚养。孩子长大后，入杨老爷子所建的学校读书，爷孙相见，却并不相识。侄子来找杨老爷子要钱，遭斥责后，意欲行凶，被孙子阻拦。侄子受了重伤，临终时良心发现，说出了实情，杨老爷子祖孙终于团聚。当时《申报》的电影评论说，"全剧情景，切近目下社会，警发人处，均中肯要"，"此片能于目下社会下一针砭，有益世道人心不浅"。观众则说，"欧美情节剧之足以感动观众者，厥为二端，一曰男女之爱，一曰母子之爱，在中国描写，以现在中国男女社交之多障害故，颇属不易，斯剧能避难就易，以母子之爱动人，其术甚智，且能表扬我国国民之良善特性"。避开爱情，从亲情入手，写家庭的变故，将善恶博弈的人间，中国的观众们，带着泪，为张石川和郑正秋叫好了。

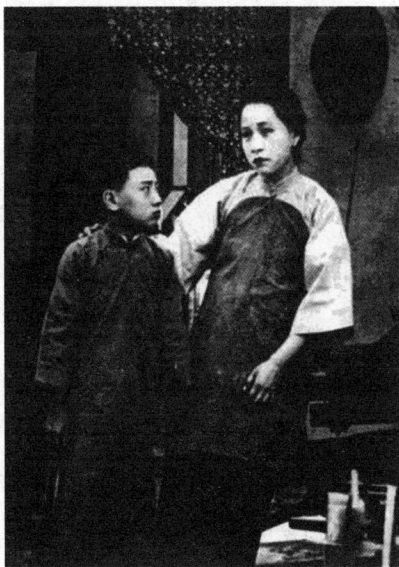

《孤儿救祖记》是一颗还

王汉伦《孤儿救祖记》剧照

魂丹，救活了濒临破产的明星公司，也为国片市场打了一剂强心针。无论滑稽还是幽默，于上海的市民观众，都仿佛"小甜点"，家庭剧才是"以飨观众"的"正餐"。《孤儿救祖记》1923 年 12 月上映，第二天就有南洋片商以 8000 元的价格购去，明星公司大赚一笔。因为《孤儿救祖记》，明星公司这条原本颠颠簸簸的小船在银海里上路了，张石川在交易所基础上改建起来的电影公司，成了他们招财进宝的新利器。而且更好的是张石川、郑正秋们，凭借拍电影，在商业目标和艺术理想之间，找到了一条中庸之道。钱是要赚的，艺术也是要搞的，只不过，他们的艺术，绝非阳春白雪曲高和寡，而是贴着市民的心，讲一些撩拨人的爱和感慨。

其实在《孤儿救祖记》之前，郑正秋和张石川就尝试拍摄过一部《张欣生》，也是家庭伦理情节剧，讲一个谋杀故事，情节曲折，但因为充满凶杀血腥场面，内容导向明显偏离主流，连当局也予以禁映。编剧郑正秋也算有了经验教训，再一起手便是情节与教化双管齐下的《孤儿救祖记》，果然大获成功。

4

《孤儿救祖记》走红了，红到人心里。有一个女子喜滋滋的，在戏里，她委曲求全，忍辱负重，成全了一个孩子和一个老人，塑造了一位栩栩如生的苦旦，观众们觉得理所当然。现实中，这种女人不在少数，但放到电影里，特别对于拍电影的人来说，启用一个"货真价实"的女人，却是破天荒的事。男扮女装是种潮流，从中国的戏曲，到辛亥革命后的文明戏，男人们挥着粗壮的膀子，或涂着油彩，或带着假发，扮演着女人，总感觉有些造作。

在演员的选取问题上，郑正秋和张石川是不无矛盾的。郑正秋主张用文明戏剧团的"老戏骨"，他们有经验，虽然表演夸张，不太适应电影的拍摄需求，但经过锻炼，可以很快进入状态。但张石川坚决反对。新剧剧团的演员表演程式化严重，夸张、做作、虚假，这些毛病，使得新剧剧团演员的表演，仿佛一顶华丽而累赘的帽子，多余。张石川需要的表演，是平淡而近自然的，他要的是那种近于生活的、细腻的、感情丰富有层次的表演。电影细腻的音像手段，更考验演员的演技，在摄影机的放大下，任何夸张和伪饰都变得令人作呕。

英美烟草公司女打字员王汉伦，一下子便入了张石川的法眼。她的气质，带那么点纯美，那么点楚楚可怜的善良，虽然她本身是个会讲一口流利英语、着装时尚的都会女子，但张石川有信心把她改造成自己想要的人，她让王汉伦演一个遭受压迫的苦媳妇、好母亲，一举确定了王汉伦的表演路数——苦旦。那一年，那一秋，王汉伦女士朝银幕上那么一站，观众瞬间疯狂。电影造了一个梦，模糊了幻境与现实的边界，观众们没有戒备，一眨眼成了第一代本土电影的粉丝。时下对王汉伦的表演不乏溢美之词，"王汉伦女士，饰剧中主角余蔚如，表情佳绝，到处自然，有与剧中人同化之妙"，"汉伦女士之各种表演，尚能体贴入微，悲痛处确能令人随之泪下"。王汉伦的一炮而红，也多少彰显了女性解放的进步，有女人能出来抛头露面了，虽然还仅限于少数作风大胆的女子。明星公司真的培养出了明星，中国早期电影的明星制度，也正是在张石川手里才逐渐走向成熟。

电影是个技术活，也是个集体的艺术，一部电影的成功，导演、编剧、演员三者之努力缺一不可。启用王汉伦大获成功，张石川更加确定了自己的想法。演员太重要了。一举一动一颦一笑，演员的表演到位与否，直接关系到一部电影的效果，而同时，观众们迷恋的，也往往是电影中把角色演得出神入化的演员。张石川在成立明星公司之初，就附设影戏学校，曾得到美国哥伦毕业大学摄影科教授葛雷谷指导。在20世纪20年代的上海，影视公司开办的电影学校多达十六七家，它们往往是随着影视公司的成立而成立，有点类似进修班、集训班的意思。有人成立了影片公司，急需演员，那么好，成立学校，招一批演员进来，学一学，小有成效后，便投入拍摄。这种演员集训班式的培养方法，后来一直影响到邵氏主政的香港影视圈（邵氏兄弟曾在上海成立天一影片公司，后来迁至香港演变成为邵氏兄弟电影王国），现在许多耳熟能详的影视演员都是从演员训练班里出来的。当然，由于急用演员，这类培训多半比较粗疏，所谓上课，充其量也就说说表演是怎么回事，拍戏是怎么回事，练习练习电影化妆，便告结束，前后往往不过三个月，聊胜于无。以明星电影学校为例，校长是郑正秋（后由谷剑尘接任），教员有郑鹧鸪（教务主任）、周剑云、谷剑尘等，都是明星公司创立时的元老，此时，也都在电影上有些切身的经验，有资本教学。但平时这些人都忙于公务，每周授课仅两小时，且学校的开办也断断续续。

不过，开办电影学校还有一个好处就是：电影学校像是一个入口，给了那些想要投身影视圈但又苦无门路的青年男女一条路径。想演戏的，一听某公司开办学校，便忙不迭地去报名了。明星公司早期电影《滑稽大王游华记》《劳工之爱情》，就有明星影戏学校首期学员的王献斋、余瑛参演。开办电影学校，多少缓解了电影界的"演员荒"，但想要捧出一两个红遍沪江的角色，则很需要一些"天时、地利、人和"了。

5

《孤儿救祖记》过后，明星公司坚定了两条路子，一是坚持拍有社会教化味的家庭伦理片，二是走明星路线。这一回，明星公司的高层想到了投拍《玉梨魂》。《玉梨魂》是民国初年的一部奇书。民初的季候充满了变的酵素，爱情冲破了封建的枷锁，开始呼吸到一些自由的空气了，但旧的因素还没根除，所以大多数人，特别是半新不旧的年轻女性对待爱情的态度常常是——纠结。徐枕亚用骈文写了一部《玉梨魂》，讲一个寡妇的爱情，柔情似水，哀怨缠绵，一下子点中了大众的神经，顺带也开了鸳鸯蝴蝶派的先河。1912年，一部《玉梨魂》红透了半边天，一直红到东南亚去，据说鲁迅的母亲鲁氏亦甚爱《玉梨魂》。

时隔十几年，《玉梨魂》讲述的故事似乎并没有过时，恋爱人的那种"虐"的想象，依旧在年轻人心里有所回应。而《玉梨魂》的教化导向，又与明星影片公司的宗旨不谋而合。《玉梨魂》的拍摄被提上了日程。班子还是老的班子，张石川导演，郑正秋编剧，汪煦昌摄影。演员方面，女一号梨娘，还是由当家花旦王汉伦主演，延续了她此前在《孤儿救祖记》中的苦情形象；小姑筠倩由新人杨耐梅饰演；男一号何梦霞由明星学校首期毕业生王献斋出演；配角秦石痴则由明星公司的创始人之一的郑鹧鸪担纲。畅销书的底本，知名女演员的号召力，再加上在当时算是不错的摄制班子，《玉梨魂》不出意外地获得了好口碑。老板们赚了钱；王汉伦持续红着，势头看好，老板们乐意为她量身定做；女二号杨耐梅也崭露头角，成为明星公司明星队伍里的新生力量。

明星公司有种流星赶月的气势，尤其是老板张石川，慧眼独具，他总能把手下的明星，通过电影捧成一种固定的形象，凭借气质、性格的魅力吸引观众。王汉伦在《玉梨魂》中的表演大获成功，明星公司趁热打铁，又让她拍了《苦儿弱女》，长驱直入，在影坛稳稳占据大姐大位置，红得发紫。老板们赚得盆满钵满，个个坐上了小汽车，明星公司的几个创始人尝到了娱乐业的甜头，对拍电影更加起劲，还给公司换了水银灯。而公司也因为扩充，从渭水坊迁移到白尔摩路。这个时候，王汉伦不满意了。

还是钱闹的。不妨算一算账。20世纪二三十年代，国产电影刚刚作为一个行当冒出来，演员来电影公司参演片子，获得酬劳，基本是靠与老板的人情关系、口头承诺，来去自由，不具有法律效应。王汉伦1923年在任矜苹的介绍下，与张石川签了两年的合同，做明星公司的演员，是为基本演员，等于是固定班底（直到现在TVB还在沿用这种基本演员制度），酬劳是每个月20元车马费，每部电影上映，还有500块酬金。《孤儿救祖记》上映后，王汉伦一炮而红，老板们个个赚钱发达，王汉伦却还是当着基本演员，每月月薪20元，不增不减。不患寡而患不均，王汉伦心里不平衡了。拍完《玉梨魂》之后，公司把她的酬金长到40元，却还是做基本演员，王汉伦继续忍。《苦儿弱女》之后，王汉伦为了酬劳的关系，决定不再忍，转身跳槽去了对她抛出橄榄枝的长城公司，月薪140元，较之前翻了几倍。拍完一部《弃妇》后，长城公司又给她追加了1000元酬劳费。

6

王汉伦与明星的矛盾，从《孤儿救祖记》开始，就已经深埋，《苦儿弱女》之后，她终于起跳，脱离了明星，寻找新的出路。但张石川并没有因为头牌女星的出走而慌乱，《玉梨魂》过后，杨耐梅冒了出来。春风过境，上海的影坛蠢蠢欲动，女明星们跃跃欲试，想要在刚刚开天辟地的影坛闯出一番作为，但杨耐梅却觉得自己没得到公正对待。她投身影坛，是要当明星的，可《玉梨魂》过后，名气稍微起来点，公司居然让她在《苦儿弱女》中演一个恶毒的地主婆。期待形象与实际角色的反差，让杨耐梅耐心顿失，怒不可遏。

片子上映，公司忙着宣传，杨耐梅却毫不配合，跑得无影无踪，连300块酬劳都自动放弃，是为无声的抗议。

王汉伦出走，杨耐梅这个潜力股明星公司自然不会轻易放手，赶忙安排她演《诱婚》，当女一号，角色也是个众人围绕的时髦女郎。杨耐梅满意了。她终于演到了自己期盼已

杨耐梅

久的角色，妖魅，性感，风流不羁。如果说，王汉伦的银幕形象和本人形象是有差距的，银幕上，她是忍辱负重的苦女人；银幕下，她是引动潮流的时髦女郎，那么杨耐梅在银幕内外的形象则渐渐合一。在摄影场，她带了一箱子衣服，头发烫成时髦样式；在影片中，她则努力学习西方艳星的眼色、动作，大胆得好像一朵蓝色妖姬。凭借这种大胆作风，杨耐梅在影坛杀出了一条血路，明星公司继苦旦王汉伦之后，再次推出艳星杨耐梅，一举站在了造星运动的潮头。后来杨耐梅拍根据托尔斯泰小说《复活》改编的电影《良心复活》，又在放映间隙亲自上阵，演了个舞台剧，更加模糊了虚构与真实的界限，观众瞬间为之疯狂。杨耐梅终于实现了她的明星梦。她红了，彻头彻尾地红了，但代价是，她的父亲为女儿的"暴露"暴怒，她自己也没落得好名声，人们只是消费她的性感，并没有打算把她的性感请回家，摆在自家的桌面上瞻仰。传统的巨大后坐力，还不允许杨耐梅从银幕上走下来。杨耐梅是一只火狐狸，妖媚，危险，徜徉在夜上海的舞台上。

昔日的上海滩，以张石川为领头羊的明星公司，总能够发现一

些平凡女子的闪光点，他们像鹰一样，盘旋在上海滩的上空，观察着，寻找着，期待推出一两个明星。他们点石成金，凿璞为玉，他们是上海滩的造梦人，成全了一个个在红尘中挣扎的女子。明星公司就曾给宣景琳造了一个梦。在明星公司的"四大名旦"中，宣景琳可能是最不惹人注目的。王汉伦是明星公司第一个捧红的女星；杨耐梅风格艳异，惹人注目；张织云是第一个公推的"电影皇后"；而宣景琳，则似乎少了些"标签"。

宣景琳

宣景琳身世凄苦，为家庭所累，被迫沦落红尘，卖笑为生，她曾把人生的希望寄托在海上名绅之子王六公子身上，但囿于出身低贱，她始终无法与王六"成了眷属"。宣景琳的人生，是凄婉的，哀叹的，一眼望不到边的。入红尘易，出红尘难，如果没有郑正秋和张石川对她的"发现"，宣景琳的人生路途，将不知通向何处。宣景琳的人生全靠"撞"。她也仿佛天生与"戏"有缘。8岁跟郑正秋同台表演，15岁认识家里开办新世界游乐园的经家大小姐，陪经大小姐去霞飞路试镜，自己却意外雀屏中选，被张石川看中，进入电影圈。

宣景琳不挑戏，她拍戏不为出名，只是想赚够酬金，为自己赎身。1925年，她入明星公司拍片，参演的第一部戏是《最后之良心》。妓院知道她出去赚钱，没收了她的积蓄，好一顿大骂。郑正秋知道后，出面调停，由"明星"出面给宣景琳赎身，从此跳出苦海。宣景琳的戏路宽，《最后之良心》中，她演一个骄奢轻浮的女人，到了《小朋友》中，她又演一个忍辱负重的母亲。宽阔的戏路，高曝光率，让宣景琳声名鹊起，但戏路宽对当时的宣景琳来说也是一种劣势，因为缺少一种一以贯之的性格魅力，宣景琳虽然参演众多影片，但在影坛却没有爆红爆紫，始终不温不火。尽管是明星的四大名旦，但总归少了那点劲道，多了点中庸色彩。宣景琳是红花里的绿叶，绿叶里的红花，她是一首歌规规矩矩的歌，中气十足，可总归少了点魅惑力。

宣景琳的感情生活也为后来的女星们做出了样板。宣景琳的前度恋人王六是个年轻朴实的买办。宣景琳成名前，王家嫌弃她出身低贱，不许她与王六交往；宣景琳成名后，郑正秋亲自登王家门，担保其人品作风，王家给郑正秋面子，才勉强松口，允许她与王六结合。不过，王家还是约法三章：一不办婚礼；二不请家长出面；三不许宣景琳进王家大门。宣景琳结婚后，依旧拍戏，并且不忘公司为其赎身之恩，坚持用自己的酬劳抵赎身费。后来，宣景琳在《可怜的闺女》中饰演了一个作风不良的反面角色，一时坊间流言又起，好事者刻意联系到她卖笑的出身，宣景琳痛苦不堪。巨大的舆论压力像一片乌云，时时刻刻笼罩在小夫妻头上，最终宣景琳和王六感情破裂，两人分手。人生如戏，"戏子"入"豪门"的曲折故事，在宣景琳身上演了个遍，值得深味的是，这样的故事还没有完，它仿佛悬在娱乐圈女星头上的达摩克利斯之剑，从未远离。

7

明星公司发现明星，创造明星，但明星想要成为明星，还得捧。梨园当中，名角的走红，需要捧，需要制造声势、抬高身价，若是一些有头有脸的人物肯出面出力，下重金，开金口，一代名角总归成熟得快一些。但戏曲名角的走红，毕竟需要许多个数九寒冬的磨炼，唱念做打，样样都得够工夫，才有机会成功。所以，戏曲名角

中国第一位"电影皇后"张织云

们一朝成名天下知的背后，往往是汗水和泪水的凝结。而电影明星不一样。首先，媒介变了。唱戏、演文明戏，都属于舞台艺术，讲究的是现场感觉，一分一毫都差不得。但电影不一样，电影是拍好了，再拿出去播。演员和观众之间，总是隔了一层胶片、一片光影，观众只能在银幕上看到他们，明星们变得神秘了。因为神秘，便更有诱惑力，也有了在真实与虚构之间转换的空间。

这时候，上海发达的小报插了进来，迅速成了捧红或踩臭女明星们的中间角色，它们制造"流言"与"花边"，刺激市民们的好奇心的同时，也为他们提供谈资。自从有了小报，女明星们便开始在人们的嘴唇边和唾沫星子里起起落落。民国早期电影受鸳鸯蝴蝶派影响很深，明星公司许多叫好叫座的作品，都是从鸳鸯蝴蝶派的作品改编而来的。而上海的小报，恰恰也体现了鸳鸯蝴蝶派们的审美趣味。小报是香风，是蜜雨，是赤裸裸的挑衅与挑逗，它像一团粉色的云，笼罩在女明星们的周围，伺机而动。小报最令人诟病的，一是色情，二是造谣。小报是游戏性、私人化、边缘化的，是不负责任的。它听风是风，见雨是雨，女明星可以趁势而上，腾云驾雾而起，但一不小心，也可能被小报不负责任的报道淹没。

经历了王汉伦、杨耐梅们的预热，中国电影的明星制度逐渐形成，虽然明星与公司之间的关系依旧松散，缺少法律约束，来去自由，但人们对于明星，已经基本有了认同。明星公司与小报之间，也有了基本的默契，你好我好大家好，我提供材料，你卖出报纸，糊弄了观众,大家发财。1924 年,张织云投身电影圈,在大中华影片公司拍了《人心》和《战功》后,转投明星影片公司,参演了《新人的家庭》。这部片子在当时,可谓"大卡司","明星"的名旦杨耐梅、宣景琳倾情出演,张织云在其中轧一角,可见公司对她的重视。1925 年,明星推出《空谷兰》,张织云担纲主演,票房高达 132300元,创下纪录。

《空谷兰》剧照,编剧包天笑,主演张织云、杨耐梅、朱飞等

    1926 年秋,上海新世界游乐场为了招揽顾客,联合 35 家电影公司,举办电影博览会。其中有一项就是票选电影女明星。媒体的参与让这次票选更加有辐射力。选票印在每日发行的《申报》《新闻报》和《新世界》报上,由观众自行投票选举。为了保证真实,主办方还特地请了两位律师在选举仪式上进行公证。结果,明星公司推出的主演《空谷兰》的张织云,以 2146 票艳压群芳,成为中国电影史上第一位"电影皇后"。在电影公司、媒体和观众的联合运作下,明星影片公司的又一名旦张织云如日中天。轰轰烈烈的造星运动,俨然成为一项各方面都默认的游戏,从妓女到舞女,再到女明星,上海滩对女性的消费,经历了一个逐渐高升的过程。女明星是上海滩头一抹赤红的晚霞,也是黑夜里诱惑的一片霓虹,成为海上

中产阶级消费的对象，和小市民们窥探与意淫的一个粉红色的梦。

8

因为票房的号召力，女明星们成了稀缺资源，成为电影公司之间你争我夺的对象。挖角，成了电影老板们的看家本领之一。张石川最懂挖角，他运作的最得意的挖角，则是从天一影片公司里挖来了胡蝶。胡蝶成名要比明星公司的四大名旦要晚。张织云在大中华影片公司拍《战功》时，胡蝶在片中给她配戏。1925年，胡蝶在友联公司《秋扇怨》中担纲主演，而后跳入天一公司，成为台柱。天一主打古装戏，极具东方气质的胡蝶成了当仁不让的A咖。1926年，天一公司一共推出8部影片，胡蝶一个人就演了7部，影片质量暂且不提，但她的确凭借个人魅力，在1927年的古装电影热中独占鳌头。张石川看在眼里，急在心里。当年他培养的四大名旦，因为种种原因，出走的出走，式微的式微，"明星"急需一个能压得住阵脚的女演员。

天一公司公司也很传奇。它是宁波邵氏兄弟做的一个家族企业，从某种意义上说，还是后来香港邵氏影业的源头。邵氏的老大邵醉翁学的是法学，做过律师，开过银行，还与人合作做过颜料、北货、钱庄、绸布、糖的生意。张石川转战娱乐业吸引邵氏兄弟的注意，《孤儿救祖记》大热之后，邵氏兄弟看着眼热，便义无反顾地投入电影业了。兄弟齐心，其利断金，邵醉翁当总经理兼任导演，邵邨人管总务，邵山客执掌发行，邵逸夫管摄影，半年就推出三部片子《立地成佛》《女侠李飞飞》《忠孝节义》，声势凶猛。

邵氏一门在电影界很有点实干家的意思，他们实行的策略，不是求质，而是求量。别人几年磨一剑，天一十几天就能拍出一部电影，而且，也迅速地找了自己的定位：主推旧道德、旧伦理，走了一个"稗官野史"的路子，绝不欧化，而是彻底"中国风"，很有点舞龙舞狮式的老民俗风味，很能契合中国百姓骨子里的那点不变的小情结。天一的出现，对明星造成了威胁。天一不是一点一点崭露头角的，而是呼啦一下一大片的。它不追求一枝独秀，而追求繁星点点。因为追求速度，演员进了天一，便成了演戏的机器，即便没有演技的，也能硬给锻炼出一些演技来。有人对天一颇有微词："天一固然是被列为大公司之一，但它是被人认为连小公司都不如的。一般电影人，不到末路是不进天一的，而从天一出来的大都是忍无可忍的。"而天一曾经的台柱胡蝶则说："他（天一）的多产以及对电影市场的竞争，使公司须得扩展，须得罗致更多的人才，给电影从业人员以更多的磨炼演技以及各方面技能的机会，这一点功劳似不应抹杀。"

天一的古装片，一度烧遍影坛，风头无两。精明的邵氏兄弟，在抢占国内市场的同时，又杀去东南亚，硬是靠一村一村地跑路，建立了一个庞大的电影网，保证了收益。邵氏倾销式的拍片、卖片方法触怒了曾经一家独大的明星公司。明星的发行巨头周剑云力挽狂澜。1926 年 7 月，周剑云联合友联公司、民新公司、大中华百合公司、上海影戏公司、华剧公司，组成"六合影片营业公司"，垄断发行网络，冲击天一的业务，又刻意弄出"双包案"，天一拍什么片子，六合立马跟上，拍出同名片，挤压天一的生存空间。一时间，天一公司的生存境遇堪忧，风雨飘摇。

紧接着是挖演员。1927 年，张石川趁天一公司改组的空当，好说歹说，把天一的"一姐"胡蝶给挖了过来。胡蝶的出走，多少让天一公司的老板邵醉翁有些"风声鹤唳"，为了留住旗下另一位名旦陈玉梅，邵醉翁干脆与陈玉梅结为夫妻，陈玉梅成了他的夫人，便再无出走的可能。不过，用结亲的方式"挽留"女星的做法并非独此一家,日后更是蔚为大观:新华影片公司的头牌童月娟,嫁给了老板张善琨;柳中亮、柳中浩兄弟创办影片公司,旗下女星凤凰和王丹凤,也先后被娶进门做儿媳妇,成为自家的"不动产"。胡蝶的出走,固然有酬劳方面的因素(天一公司每月给她60元),但天一较为窄小的戏路和气象,毕竟不能满足胡蝶的野心。1928年,胡蝶转会至"明星"后,明星三巨头张石川、郑正秋、周剑云给足她面子,为她量身定做了传奇大戏《火烧红莲寺》,一拍就是18集,红到发紫。

值得一提的是,胡蝶刚入"明星"之时,阮玲玉也在。她们联手主演影片,成为好友,只可惜阮玲玉性格刚烈,为人处世上不够圆融,得罪了老板张石川而受尽冷落,最严重时半年没进摄影棚一步。傲慢与偏见遮盖了张石川的慧眼,阮玲玉失望出走,离开"明星",转投大中华百合影片公司,之后又进入联华公司主演《野草闲花》一举成名。错过阮玲玉,成了张石川"造星"生涯中最大的遗憾。

胡蝶是明星影片公司"后四大名旦"时代最硬的台柱。"明星"捧胡蝶也是不遗余力。1930年,明星公司顺应时代潮流(有声片崛起),与百代公司合作,拍了中国第一部有声片《歌女红牡丹》,胡蝶重装出镜。1933年元旦,《明星日报》票选影后,如日中天的胡蝶强势当选。左翼电影兴起后,张石川顺应潮流拍《狂流》,拍《脂粉市场》,胡蝶都是第一主演。1933年,她甚至成了出演左翼电影最多的女演员。1934春节,明星公司推出《姊妹花》,胡蝶依旧是主演,影片连映60多天,掀起了一阵观影狂潮。同年,张石川翻拍张织云主演的影片《空谷兰》,胡蝶依旧是主演。1935年,胡蝶又代表明星公司远赴苏联,参加电影节,引发一时热议。胡蝶就像一只蝴蝶,在民国的影坛翩翩起舞,好多女星起起落落,她却经风历雨,每一次浪潮都能刚好踩在潮头上，成为民国里最耀眼的"电影皇后"。1935年，胡蝶第二次结婚。1937年春天，她淡出影坛。她的成长史，几乎贯穿了整个"后明星时代"。她在影坛的声名与地位，基本代表了张石川引领的明星影片公司在影坛的地位，胡蝶是明星影片公司的一个华丽标本，永远定格在民国电影的华丽橱窗里。

9

1935年，郑正秋因病去世，张石川陷入到深深的痛苦中，但他似乎还没完全体会到，时代的阴云已经逐渐笼罩在整个中国上空，就连一向灯红酒绿的大上海，也不能幸免。1937年7月7日，抗日战争爆发，举国哗然。年底，上海失守，沪江边上闪烁的星光，被战火映得失却了颜色，而原本以娱乐为导向的沪上文艺界，也随之全身一紧，迅速地投入到抗战的汪洋大海中，颠颠簸簸。1937年，注定是明星影片公司的流年，这个中国电影界传奇式的影片公司，在这一年遭受到前所未有的重创，明星公司在枫林桥的总厂址被日军占领，成了日军驻南市部队的司令部。明星公司毁于一旦。张石川也悲，也戚，也哀，也叹，但在动荡时代，他却无能为力，明星公司这艘影坛的泰坦尼克号，旦夕沉没，成为历史的记忆。

张石川作为明星公司的元老和幸存者，带着残存的设备，帮一些小公司拍片，继续追求着电影的梦想。他入行太深。曾经他也只是个对电影有那么点兴趣的商人，可现在，经历了最最繁华的时代，张石川是曾经沧海，只愿意以此为生。日军的侵扰，像一个从天而降的怪兽，嘶吼着扰乱了张石川最后的清梦。为了拍片，他加入了国华影片公司，拍了不少古装片和时装片。1941年，上海沦陷后，上海文艺界被敌伪渗透，沉醉在一片白色、粉色的氛围中，不少文艺工作者被拉下水，成为敌伪粉饰太平的装饰。张石川是商人，在政治上不敏感，别人一拉一撺掇，半推半就，他便参加了伪"中联"（也就是后来的伪"华影"），担任高职，风光一时，却留下一生污点。

抗战胜利后，风头逆转，张石川被指控为汉奸。消息传到张石川耳朵里，他又惊又惧，严重刺激之下，多重慢性病复发，好不惨淡。好在张石川的小女儿张敏玉正与时任上海市副市长的吴绍澎恋爱，几经疏通，附逆事件才不了了之。张石川走关系摘掉了"汉奸"的帽子，但他却如惊弓之鸟，精神上受到打击。1946 年之后，曾经叱咤风云的张导经常卧床不起。但他从未失却对电影的热情，1948年，大同影业公司请他出山拍《乱世的女性》，拍完之后，张石川再也无力手执导筒。1950 年，张石川迁居苏州，而后又返回上海，缠绵病榻三年，于 1953 年 6 月告别了人世。

飘摇 · 娜拉的奋斗路【@王汉伦】

在民国女演员里，王汉伦红得最早，最彻底。她是第一个真正意义上的民国女明星。在她之前，严珊珊和殷明珠，要么属于友情客串，要么属于玩票，都有些三心二意。严珊珊拍《庄子试妻》，是为了成全丈夫的事业；殷明珠拍片，则是从校园社交界起步，纯粹为了出风头，拍了电影之后，她又跑回去当诊所护士，而后又复出，来来回回，演艺之路走得很是曲折和不彻底；只有王汉伦是义无反顾的。

王汉伦是民国电影界里第一个出走的娜拉。她冷静，天生有种定力，为了生活，她敢打敢拼，脱掉绣花鞋，套上高跟鞋，哒哒哒走到最繁华的人群里，找寻一点人生的出路和价值。而且，她也还能守得

王汉伦端秀侧影

住。她是万花过眼不迷心。她像一支百合，芬芳、执拗、决绝，虽然踏上影坛，身陷名利场，纸醉金迷的氛围始终挥之不去，但她却始终有自己的坚持，走自己的路。上海滩的万丈繁华，只是她的卸妆水，她走进去，闪闪夺目，而后洗掉装扮，重新做一个素心人。入得红尘，又出得红尘，才是真正看明尘世的高人。

王汉伦有一个帅气的本名：彭剑青。一剑直指青天，她注定要做中国女星的筚路蓝缕者。看王汉伦的照片，鹅蛋脸，明目朱唇，人中很深，但最令人佩服的，不是她凄婉的美貌，而是她眼神里的一线光。那光不是柔和的、朦胧的、哀婉的，而是有种狠劲的、明亮的、绝处逢生的——包含着对命运的不妥协。

但王汉伦的这种硬气，又是带点无奈的。王汉伦演过一部电影叫《弃妇》，讲一个被丈夫抛弃的女子芷芳，进入社会谋求自立，但上级的骚扰、同事的嫉妒，又迫使她辞去工作，专事女权运动。分手的丈夫找到芷芳，要求复合，芷芳已是女子参政协会会长，不愿再回到牢笼。丈夫恼羞成怒，勾结劣绅说芷芳是逃妇。无奈之下，芷芳只好逃入空谷，却又遭遇盗匪，身心俱疲，最后怀着梦想在尼姑庵死去。这部电影几乎是一部寓言，预演了王汉伦的人生：见弃于家庭，见弃于社会，见弃于人生。王汉伦的人生，是一部不断奋起，又不断跌追的奋斗史。

2

王汉伦出身苏州大户彭氏家族。彭家有着荣耀的历史，康熙、雍正年间出过祖孙两代状元。苏州十全街上气势博大的南畇草堂，便是彭家老宅，俗称彭状元府。宅院内亭台楼阁，自不必说，最荣耀时，正堂上悬着一块匾额，实乃乾隆御笔，光照全族。彭家门口，有一根旗杆，可自行升旗，在苏州是独此一份，所以当地百姓又称彭家为旗杆彭。彭家世代书香，族中子弟走的都是读书做官的路子，彭剑青（即王汉伦）的父亲彭名保在族里虽然算不上光宗耀祖的大人物，但也做到安徽无为州的知州。辛亥前后，彭名保还曾做过招商局的督办。

生在这样一个大家庭里，彭剑青是小之又小的一个小人，她被裹在封建的规矩道理里，不能呼吸。彭剑青是家里最小的女儿，前面的兄弟姊妹都是她的例子。被设计好的人生，很有点天不变道亦不变的意思，规规矩矩，一丝不苟，包括求学、婚姻、家庭、事业，一切的一切，毫无悬念，仿佛列车沿着轨道，轰轰然开过去，不需要问前路，稳当得让人窒息。彭剑青的大哥，娶苏州潘家小姐为妻；她大姐下嫁江西桂家；二姐嫁给李鸿章的侄孙李国模。兄姐们的前路，像一个巨大阴影，笼罩着活泼可爱的彭剑青，她似乎还不知道自己的未来将要发生什么。彭剑青毓秀钟灵，一双大眼睛格外有神，西学东渐，女孩也要读书上学，更何况，知识对于女性，同样是嫁入好人家的重要砝码。

彭剑青借着读书的机会，迈出了家门，走到繁华的都市上海，走进那所著名的圣玛利亚女校，学英文，学文艺，思想渐渐打开，就仿佛木头人被吹了一口仙气，动了，活了，彭剑青一下发现了自己。刚到上海的时候，她有些自闭，因为胆怯，她不跟人说话，一闷就是好几天，但在女校读久了，混熟了，她渐渐放开心扉，努力地呼吸周围的一切。她发现，

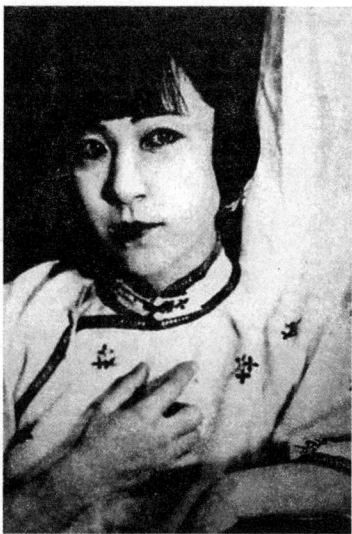

王汉伦哀婉动人

上海的繁华是苏州没有的, 上海的自由是苏州没有的, 上海的危险与刺激也是苏州没有的。可她喜欢上海, 年轻的上海, 正如她花一般的年纪, 她爱华服美食, 爱一切光鲜亮丽的东西, 没日没夜……这里是个不夜城, 永远不知疲惫。再一回头, 彭剑青发现自己早已经适应了上海, 她是 "再也回不去了"。

3

彭剑青在家里是小妹, 自然少不了有些任性。16 岁之前, 彭剑青的生活是恣意的, 她顽皮、机灵, 美梦连篇, 她完全有理由幻想自己的未来。而后, 她从苏州走去上海读书, 呼吸自由的空气。上海赐予了她一些异样的思维, 她渐渐难以适应家庭的生活了。家庭是个牢笼, 她是鸟, 随时想要飞走。民初的空气是多变的, 而在上海, 那一种情感的斑斓, 更是无以复加。恋爱自由, 像一股春风, 吹开了许多青年男女的心花。出走这个词, 彭剑青或许听过, 但她大概不会朝自己身上联想。走? 恋人都没有, 走去哪呢? 张爱玲后来说, 很多人的走, 不是走到广大的山川里去, 也只能是 "走到楼上去"。十六岁那年, 彭剑青的父亲去世, 父权的大山从她头上移走, 她似乎更自由了, 但同时, 她也少了些庇护。她这只汪洋里的小船, 脱离了原来的航道, 一个浪头打来, 眼看就要迷失。父亲去世后, 她的哥哥嫂子走到彭剑青面前说: 你该嫁人了。嫁人? 王汉伦想过, 但没想到那么快! 她甚至来不及反抗, 便连哄带骗地被嫁给了东北本溪煤矿一个张姓的商人。

哥嫂的安排, 仿佛是铁扇公主煽风, 一下子把拖油瓶的妹妹处理掉。父亲走了, 这个家容不下一个吃闲饭的, 彭剑青忽然变得很多余, 学是上不下去了, 因为需要钱, 在没有经济基础的前提下, 她只好嫁人。彭剑青是江南女子, 一派清婉温柔, 后来又去上海读书，接受了新空气新思想，时髦得可以，而今忽然远嫁东北，气候和风土人情，她都很难适应。第一次结婚，完全是盲婚，彭剑青不是不愿意接受包办婚姻，因为她还不知道包办婚姻的苦处。她嫁到东北去，夫妻感情和睦谈不上，丈夫还跟日本女人鬼混，她看不惯，跑去与丈夫理论，丈夫回答得干脆：男人三妻四妾是正常的事。彭剑青忽然明白了些什么，对家庭的幻想彻底破灭。她知道，自己需要挣破命运的牢笼，独自高飞。

可是，身为女子，彭剑青的反抗很无力，她走出的脚印，不是长驱直入的，而是歪歪倒倒、深深浅浅的。她跌跌撞撞，抬头看见天边的晚霞，天要黑了，她能去哪呢，只好走一步是一步。她丈夫从东北来上海当买办，彭剑青跟着回到了上海滩。环境是熟悉了，但人情却依旧如同东北的天气一样冰冷。哥哥嫂子对她不理不睬，嫁出去的妹妹泼出去的水，他们没必要对她的人生负责。丈夫对她也如旧，该打还是打，该骂还是骂。他去和日本人做地皮生意，王汉伦得知，劝他这是卖国行为不要做。她丈夫不听，反倒变本加厉，结结实实打了她一顿。结婚几年，彭剑青没得慰藉，反倒弄得伤痕累累，她对婚姻的失望，倒不全是出于对于包办的失望，而是因为家庭本身的冰冷。她提出离婚。她迫切需要：自食其力。

彭剑青的出走路并非坦途。她的出走，与后来的苏青有相似之处。都是离了婚，漂泊到社会上，努力挣一口饭吃。但在当时，彭剑青的出走却是特异的——她既没有一起闯出封建家庭的恋人、同盟者，像鲁迅小说《伤逝》里的涓生和子君；也不是走上革命的道路，比如前辈秋瑾。彭剑青是被迫地、无告地、破釜沉舟地走出小家庭的。她像是一只无脚鸟，腾空而起，但低头看看，却不知再落向何处。彭剑青借住在干妈家里，暂时有了栖身之地，但她没法吃闲饭，她必须出去赚钱。

彭剑青仿佛走到了绝境。当年来上海时，她是衣食无忧的富家小姐，如今重新回到上海，却成了孤女、弃妇，一个凄凄惨惨的天涯沦落人。以前彭剑青需要面对的，是心情的问题，是精神的问题，她需要让自己开心，保持愉快，过舒心的日子；而今，她却需要直面饥肠辘辘的人生。她第一次迫切地感觉到，吃饭，原来也只能靠自己的双手。她去虹口的小学教书，又去洋行里做打字员，做一切力所能及的事情，只为赚钱过更好的生活。她和上海滩所有时髦的女孩一样，需要美丽的衣服、化妆品，需要住好的房子，过干脆爽利的生活。

家庭对她来说，不过是蛇蜕后的一层皮，她急需摆脱。彭剑青和家庭的关系始终是紧张的，她仿佛不讲规矩的哪吒，闹了封建家庭那片海。父亲的去世，兄嫂的欺骗与凉薄，都让她对家庭失望透顶。后来她应征成为电影演员后，曾经兴冲冲地跑去跟兄嫂分享这份喜悦。哪知嫂子却道，我们彭家是状元之家，戏子来家高板凳都不许坐的，如今你去当戏子，真丢尽祖宗的脸了！她哥也一味帮腔，说要扭送妹妹去祖宗祠堂家法处置。彭剑青一怒之下，干脆与彭家脱离了关系，情急之下，她想起山中老虎头上有个王字，天不怕地不怕，便脱口而出，我今后不姓彭了，我姓王。名字直接从英文Helen 翻译过来，她就叫王汉伦。从此，她成了一个新的人，簇新的、洋派的、拒绝过去的，她是上海滩上一道风景。

日后她成了名，有了钱，与家庭的关系却并未因为时间和名气而缓解。除了二姐彭秀冰，家中一切亲戚都与她断绝了往来。她曾经在南京的一次宴会上碰到过一个彭家哥哥，她只是冷冷地称，彭先生，他回称，王小姐。井水不犯河水，他们从一个家门走出来，但终究走上了不同的路。彭剑青是苏州的彭剑青，杨柳依依，古旧、迟疑，有种中国闺秀的幽怨；王汉伦却是上海的王汉伦，像一句清脆的英语发音，清短、明亮，干脆利落，她走进电影的世界里，一个回眸，迷倒了众生。

4

单看长相，王汉伦有种欲说还休的混合气质。齐齐的刘海，挽着发髻，全然一副大家庭少奶奶的气质，主一个"贵"字，但王汉伦冷冷的眼神，略微下拉的嘴角，又让她隐隐透出一丝苦相，但苦中又有倔强。王汉伦是天涯的沦落人，海角的漂流客，突破了大家庭的藩篱，她开始愁自己的生计了。王汉伦的第一个贵人是任矜苹。他们有个共同的朋友——孙小姐。王汉伦是孙小姐的邻居，任矜萍来孙小姐家打麻将，与王汉伦认识。任矜苹是明星公司的创始人之一，谈话之间，他知道了王汉伦对电影也感兴趣，便提议让她也去试试拍电影。在那个时候，电影女演员还没有普及，去拍电影，抛头露面，实在不是一件光荣的事，可一个大好机会在眼前，她又没必要放弃。王汉伦开始了她的奋斗。作为一个女人，一个走出家庭混迹大时代的女人，王汉伦的奋斗始终是两方面的，她必须内外兼修。

刚成立不久的明星公司是简陋的，办公地点是亭子间，没有摄影棚，拍戏只能去乡下的空地取景，王汉伦走到乡下去，往镜头前一站，便一举得到了张石川的认可，他让她当《孤儿救祖记》里的女一号。王汉伦是新手上路，但她肯磨炼演技，哭戏、追逐戏，甚至跌倒戏，她都演得十分到位。电影上映后，轰动上海，还一直火到南洋去。王汉伦红了，这一年，她刚刚 20 岁。因为一部电影，她的人生仿佛忽然打开了，她不再是孤苦无告的小女孩，而成了电影明星，众人膜

王汉伦侧坐小影

拜的对象。她跟明星公司签了两年的合约，拍了《玉梨魂》《苦儿弱女》和《一个小工人》，快马扬鞭地奠定了自己在影坛的地位。

20 岁，王汉伦红了。但有意思的是，片里片外的王汉伦是分裂的。电影中，王汉伦演的是寡妇、小可怜，是标准的苦旦，是在封建教条下被压得喘不过气来的人，但在现实生活中，她却把封建那一套压迫之苦甩得干干净净，她改了名，换了姓，穿着时髦的衣服，烫着蓬松的发式，涂着口红，有时还穿着袒露的西装，讲一口流利的英语。戏里戏外的王汉伦满足了观众对于一个女人的双重想象。她既是传统的，又是现代的；既是孤苦的，又是独立的；既是温婉的，又是性感的；既是东方的，又是西方的。她成了中国社会转型期的一个美丽的梦幻。老派的可怜她有，新派的干练她也有。她像是一人分饰两角，在虚幻和现实的世界来回穿梭，也像一个走在悬崖边的人，完全靠保持一种微妙的平衡，求得生存。王汉伦是觉醒了的中国式娜拉，因为经济独立，所以格外美丽。

5

身为出走的娜拉，王汉伦对于外在世界的姿态，从来都是抵抗的。她曾经抵抗自己的丈夫，抵抗自己的兄嫂，现在，她红了，生命前所未有地前进到了一个新的境地，但她发现，新的问题又来了。拍完《孤儿救祖记》之后，明星公司狠赚了一笔，老板买了小汽车，公司添了水银灯，王汉伦却还是每月 20 块车马费，另外拍一部片子，还会有 500 元的收入。再拍《玉梨魂》《苦儿弱女》《一个小工人》，王汉伦的待遇并没有改变，她只好跳槽。

天一公司的邵醉翁来挖她，请她演《电影女明星》，并找胡蝶和吴素馨给她配戏。片子拍完后，天一为了宣传和拓展南洋市场，让王汉伦去南洋跟影迷见面，同时演出几场昆曲。可王汉伦到南洋才发现，情况之复杂、混乱，远远超出了她的预期。昆曲的班底不全，主办方又强行要求她演出。演出之后，唱腔和伴奏不协调，台下一片哗然。王汉伦在新加坡街头买到一张报纸，上面写着：要见王汉伦，交50元见面费，落款是王汉伦办事处；有人要给她做媒，去当姨太太；还有人拆了她的信。巨大的名气，也给王汉伦的生活带来了巨大的困扰。面对混乱的电影市场，王汉伦只好像一个斗士一样，不断维护自己的权益。

离开天一后，王汉伦进入长城画片公司拍片，一共拍了三部电影：《弃妇》《春闺梦里人》《摘星之女》。可片子拍出来，长城公司却没有按照合同约定支付报酬，讲好的每月200元报酬及片子拍成后给1000元全成了空话，王汉伦无法，只好将长城公司告上法庭。官司赢了，王汉伦拿着长城给的支票去银行提款，却被告知是一张空头支票。作为第一代电影明星，王汉伦没有什么明星的大牌气势，与强势的电影公司比，她只是一个孤苦的雇员。台前的风光与台后的艰苦形成了鲜明对比，贯穿王汉伦电影生涯的始终。王汉伦是不屈的，她身上到底有那种大家闺秀式的清高与倔强，她不依附于哪

王汉伦微笑而坐

个老板，不忙于走关系，不阿谀奉承，只是拍该拍的戏，拿该拿的钱，清爽得好似一支白百合。

与长城的合作结束后，王汉伦进入"报恩期"。她的伯乐，明星公司的元老任矜苹自己出来单干，开新人影片公司，需要王汉伦帮忙撑场面，王汉伦二话没说便帮新人公司拍了《空门媳妇》；张伟涛是张石川的徒弟，也算明星公司的老人，他请王汉伦演《好寡妇》，王汉伦也倾情出演。王汉伦一生追求"不亏不欠"，滴水的恩情涌泉来报。在她心里，忠孝节义，自然有个尺度，她为这自己的心，绝不假仁假义。那段时间，王汉伦猛拍了一批寡妇戏，硬是赢得"影坛第一寡妇"的名头。不过，王汉伦并没有赚到什么钱，她的生活是清苦、寂寞、简单的。眼见一个个老板靠着她主演的影片买了车，买了房，有的还三妻四妾好不风流，王汉伦不能不为自己的未来想想。她决定自立门户。

6

王汉伦是个知进退的人。她很识时务。她不是那种勇猛的女子，能做到兵来将挡，水来土掩，很多时候，她是顺流而下，同时又是顺势而为的。她是小船顺河走，再猛一转弯，别开生面。王汉伦的性格里，有着刚毅的成分，不然她当年也不会毅然走出家庭，毅然离婚。但更多时候，她又是以柔克刚的。她是艺术体操里系在棒上的彩带，借着一点力便能上下翻飞，舞动精彩；她也是京剧里的水袖，缠缠绵绵，百转千回；她更是一只风筝，清风一来，她便振翅跃起，独上青云，风云过后，她就慢慢降落，蛰伏度日。她总是能在该的时候进，该退的时候退，因为她知道，自己有机会当主角，但不可能永远是主角。开设汉伦影片公司，完全是一次反客为主，独立操作的实践。

　　在电影圈摸爬滚打了几年。王汉伦完全有了独自做公司的能力。她知道电影的运作模式，知道如何演戏，有了人脉，积累了经验，就差放手一搏。独立生活，王汉伦深知财富的重要性。她后半辈子的依靠，不是男人，也不是电影公司那些唯利是图的老板，而是通过自己的双手和机智赚进的财富。于是，汉伦影片公司成立了。那时候的上海，残酷而美丽，在风云变幻的电影业，王汉伦异军突起。她目的明确，无所畏惧，闷头向前，她就是要做成片子，捞那么一笔，让自己过得更好一些。她走的是短平快路线，她没有明星、天一这样的大公司的气魄与规模，但她却知道自己的优势——如日中天的名气，以及随之而来的票房号召力。

　　王汉伦找到了包天笑——鸳鸯蝴蝶派的代表作家。她看中了包天笑的新剧本《盲目的爱情》，觉得与自己的心境很相似，便掏钱买下来，准备投拍。《盲目的爱情》又名《女伶复仇记》，是个唯美而残酷的故事：同窗好友俞汝南和尤温，同时爱上了女伶王幽兰。幽兰中意汝南，所以屡次拒绝尤温。一次，尤温看见幽兰、汝南同处，愤怒之下打瞎了汝南的眼睛，并劫走幽兰，关在土窟。汝南思念幽兰，但他表兄却来说，幽兰和尤温私奔了。多少年过去，幽兰逃出了土窟，来找汝南。汝南摸着来客苍老的皮肤、干枯的头发，不相信她是幽兰。幽兰负气自刎，临死前，她唱起从前经常唱的歌，汝南恍然大悟，但为时已晚。

　　这个关于错过的爱情故事，充满了命运感，深深打动了同样沉浮于命运中的王汉伦。她向民新公司借来设备，并找卜万苍做导演，蔡楚生做主演，一鼓作气拍出了这个唯美的故事。影片拍摄制作的过程很难，王汉伦回忆说，影片的分镜头拍完之后，她靠着一台手摇放映机，自己一个人在家，放一点接一点，40多天才制作完成。1929年，《女伶复仇记》面市。王汉伦带着自己片子，四处巡回放

王汉伦登上《影戏春秋》封面

映，最远到过长春、哈尔滨，反响甚佳，王汉伦借此赚了第一桶金。这些钱，成了她脱离电影界后的"退休金"。她的"固执"与"好胜"，终于促使她做成了一点事情，成为女性在电影业打拼的楷模。

1930 年，王汉伦不过 27 岁，但电影界却已经"不复当年"，新人们仿佛雨后春笋，出其不意地在影坛冒尖，别说杨耐梅、张织云、宣景琳这些明星公司培养出来的名旦，就是更晚一些的胡蝶、阮玲玉也都成了影坛叱咤风云的人物。王汉伦虽然年纪不大，人已经是老明星了。而且，常年在炭精灯下拍片，对眼睛伤害很大，她常常迎风流泪。她明白，该收手了。20 世纪 30 年代初，王汉伦急流勇退，跟法国美容博士理查德学习美容术，然后用自己拍电影挣来的钱，在霞飞路和合坊口，开了一家汉伦美容院，帮人治雀斑、祛皱纹、拔肉刺，也做指甲、化妆、烫头发。女子独立办实业，仍然需要面对许多纷扰。美容院开办后，不断遭到地痞流氓勒索，王汉伦一力维持，自力更生的念头从未更改。上海沦陷后，敌伪找王汉伦去大中华广播电台充门面做宣传，王汉伦称病不往，得罪了日本人，美容院不久便关门大吉。上海沦陷时期，王汉伦坚守大义，从未"落水"，日子难过，她便靠变卖家财度日。她仿佛身在古墓，外面纷扰，她不参与，只是持心自守，等待光明到来的一天。流年无情，王汉伦与电影，渐行渐远。

7

王汉伦有两次婚姻，两次都是悲剧，且都一败涂地。正如前面所提及，王汉伦的第一次婚姻，是哥嫂包办，嫁到东北做张姓督办，谈不上有感情，丈夫不体贴妻子，妻子也不能理解妻子，他们一个是新女性，一个是旧男子，她追求的是相敬如宾、男主外女主内、其乐融融的日子，而他的梦想却是三妻四妾，左拥右抱，我行我素。民国初年，在上海教会学校接受过教育的王汉伦，理所当然与唯我独尊的丈夫"不对接"。他们婚姻中的摩擦因素，从王汉伦嫁入张家就已经存在。第一次婚姻的破裂，是王汉伦出走的推进器，正是在无所依傍的时候，王汉伦才真正明白，生活其实很简单，也很艰难，说白了不过四个字：自食其力。

20世纪二三十年代的上海，尽管宽容，但还没到可以让一个离婚女人过得舒服的程度．离婚后的王汉伦，做过教员，当过打字员，然后机缘巧合，在任矜苹的介绍下，冲入电影界，一炮而红。抛头露面四个字，对于当时的女人来说，需要极大的勇气。王汉伦的出道，多少是有些悲壮的，她自己也说，拍电影，就是想为女界做一些事，做一些轰轰烈烈的事。她是筚路蓝缕的先行者，也是想要一飞冲天的鹤，但那种男权社会无形的屏障，让王汉伦举步维艰。拍电影，酬劳要么低，要么遭到拖欠；开美容院，又遭到地痞流氓的勒索，王汉伦筋疲力尽。她深深地体会到，一个女人，一个单身的离婚女人，想要做成一点事，竟是那么难。也正是在这样一个心理基础上，王汉伦有了"回归家庭"的念想。女人靠婚姻翻身，古往今来，不乏其数，张爱玲在《倾城之恋》里写流苏，也是说，"找工作都是假的，找个人才是真的"。

1933年7月，息影的王汉伦正在办美容院，青年会徐润身之母徐太太好事，一力做媒介绍了"文人雅士"王季欢与她相识。徐太太说，王季欢家底殷实，谈及婚嫁的话，愿意出1000元和各类金银作为聘礼。王汉伦心动了。她的第一段婚姻，是哥嫂从实际出发，为了打发掉她这个家庭的拖油瓶，落脚点在一个钱字上。如今她再次论及婚嫁，王汉伦也不能不从实际考虑，落脚点还是钱。王汉伦深深知道，在这个繁华的上海滩，少了什么都行，唯独不能少了钱。那外滩上林立的洋行，存的是钱；那新世界里溜溜转的舞厅，跳的是钱；那饭馆里精致窝心的美食，吃的是钱；那百货公司里琳琅满目的时装，穿的是钱；就连她开的美容店，一张张脸上，涂的、抹的、化的，也都是钱。钱是这座城市的命脉。

1933年，王汉伦30岁，在当时看来，已然是半老徐娘，她跟《倾城之恋》里的流苏一样，说不年轻吧，还有点青嫩的姿色，很能吸引住一些男人；但说年轻吧，也不对，因为保不齐过两年就老了。在这个年龄段闯入婚姻，王汉伦很有些破釜沉舟的意思。当初她年纪轻轻走出家庭，闯荡上海滩电影圈，是放手一搏，搏的是青春和美貌，还有挡也挡不住的运气。现在，她繁华落尽，急流勇退，打算找个有财力的男人走入婚姻，同样是放手一搏，搏的却是自己的判断力、男人的真心，以及后半生的幸福。

王汉伦迟疑着，犹豫着，试探着，仿佛一只蜗牛探出触角，捕捉着王季欢的每一个信息。可王季欢却等不及。在这段关系中，王汉伦追求的，是现世安稳、岁月静好，是风景都看透后的细水长流，而王季欢追求的，却是暴风骤雨式的激情。认识五周后，王季欢便提出要结婚。王汉伦觉得太急了。王季欢给出理由，说自己结婚后就要去江西做79师参议，所以不想再拖，王汉伦便答应了，但前提是，聘礼必须给出。多年行走商场，王汉伦明白，她要嫁的，就是那个人，说不喜欢吧，有点；说喜欢吧，早就过了为爱走天涯的年纪，唯有钱财，才是她最好的朋友。徐太太说，钱都有，聘礼都在，不过都在杭州，何必寄来寄去，不如直接来杭州结婚，万事大吉。

1933 年秋天，王汉伦关闭了自己苦心经营的美容院，带着幸福后半生的念想，奔赴杭州，索要财礼，哪知王季欢却说，既然结为夫妻，你的就是我的，我的就是你的，何必分彼此。王汉伦自知被骗，但请帖已发，众人皆知，抹不开面子，再说木已成舟，她只好奋力赌一把。那个秋天，西子湖畔，天然饭店，王汉伦与王季欢结为夫妻，并请著名律师章士钊证婚。二度结婚，王汉伦结得太理性，而少了一个"感性的出发"，结果却是欲速则不达。

王季欢喜不喜欢王汉伦？当然喜欢。大明星，有样貌有风情，谁人不爱。只是，与上一任丈夫一样，王季欢与王汉伦，依旧不是一个轨道上的人。他在王汉伦面前表现出的紧张与放浪，汉伦都不能理解，也不想去理解。在王汉伦眼里，一个合格的丈夫，应该是好好赚钱拿给妻子打理，肩膀上有担当，顶天立地的；一个合格的妻子，则应该是端庄美丽，上得厅堂，下得厨房，能带出去又能带出来的；夫妻之间的关系，也大抵是互助合作式的。王汉伦把婚姻想得太过美好，却不知道，恋爱是一个化妆的过程，不断美好；婚姻则是个卸妆的过程，不断破灭，因为真相总不是那么美丽。果然，结婚过后，特别是王季欢没有交出让人满意的财礼之后，在王汉伦眼里，王季欢简直成了一个不可理喻的疯子：爱喝酒，喜怒无常，动止莫测，甚至强令她吃鼻屎和脚垢，她若外出，则派人骑自行车监视。如此描述尽管是王汉伦一面之词，但婚姻生活的不愉快，可见一斑。

结婚一年后，王汉伦在王季欢之友宋容三律师的帮助下，协议离婚，重新回到了一个人的生活。从苏州彭家走出来，走到本溪的张家，再走到苏州的王家，王汉伦始终没有找到自己真正的家。当年她赌气出走，如今她依旧无家可归，她这只无脚鸟，注定要自斟自酌，自挣自吃，无所依傍。曾经豪情万丈的出走，到了今天这个地步，多少是有些悲壮了。婚姻的围城，王汉伦两进两出，满身疲惫，伤心不已，失望透顶，而后40多年岁月，她都不曾再婚。王汉伦曾经养过两只猫，一只猫叫"波塞"，另一只叫"黑鼻子"。她在组建汉伦影片公司的时候拍《女伶复仇记》，片头仿照米高梅公司的雄狮三吼，用了猫头。离婚过后，王汉伦只好与猫为伴，静静地看似水流年从眼前划过。

8

王汉伦一生固执、自立、好强，她的奋斗，多少有些西西弗斯的味道。上海沦陷过后，她失去工作，又不愿附逆，只好坐吃山空，靠变卖衣物和家具过活，到1949年，她仍住在亭子间，房东还一直逼她搬走。贫困这只黑手，不曾远离曾经为了吃饭走出家庭的王汉伦。电影那个辉煌的所在，也因为时光的流逝，容颜的损毁，与她渐行渐远。抗战后期的王汉伦，就仿佛一声长号的末尾，那声音越来越细，越来越细，眼看就要颠破，消失不见……幸好新中国成立了，她又吸了一口新鲜空气，有了力气，再度发声，音调渐渐扬起。

王汉伦20岁成名，一生想尽办法，奋斗不止，也曾风光，也曾失落，但一个独身女人到社会上奋斗，总有些类似悲剧的英雄，顽强抵抗，却还是逐渐招架不住。过气明星的养老问题，时至今日都还颇值得探讨。好在，王汉伦是幸运的。当年在办美容院时，她去找电影公司的老板，想要复出。老板认为她年老色衰，不能再用，嗤之以鼻道：你自己照照镜子吧！王汉伦的电影生涯，戛然而止，其实她不过40岁出头。新中国成立后，电影出其不意地回到了她的生命中。1950年，昆仑影片公司拍那部后来颇受争议的《武训传》，导演孙瑜找到王汉伦，请她出演慈禧太后一角，虽然只有10句对白，王汉伦却演得十分认真。上海电影制片厂成立后，王汉伦还曾在《鲁班的传说》和《热浪奔腾》中担任过配角。

王汉伦的晚景不算差。新中国成立后，演员的地位提高，作为民国第一代女星，王汉伦实属老艺术家，是文艺界的代表，还曾和几位女演员一起，在中南海受到领导人的接见，进而颇受人尊重。她有了工资、退休金，享受公费医疗，生活平淡而安稳。她这朵奋斗的花，经历了起起落落种种磨难，终于结出了一颗安心的果。三年困难时期，吃饭成问题，口粮大过天，王汉伦凭着自己在文艺界的地位，却可以自由出入文化俱乐部和政协的小餐厅。到了20世纪60年代初，她哥哥出于实际生活考虑，又与她恢复了关系。王汉伦成了彭家的救星。她外甥李家震跟着她去文化俱乐部吃饭，一顿吃5碗白饭，不用就菜。发展到后来，王汉伦的哥哥也放下"面子"，跟着混饭吃。当年彭家的一场闹剧，跟着时代波荡起伏，发展到后来，却俨然成了喜剧。

1978年夏天，王汉伦在上海广慈医院病逝，她没有子女，当年跟着她一起去文化俱乐部吃饭的外甥李家震为她送了葬，将她的骨灰埋在了苏州横塘的青春公墓。后来，据说，她的骨灰又被亲戚迁往上海。如今的青春公墓里，只剩一块倒下的墓碑。

沉溺 · 撕生活【@杨耐梅】

杨耐梅在中国早期女明星中，绝对是个异数。其他女星，不是走温婉路线，就是走悲凄风格，要么是塑造健康活泼的玉女形象，仿佛也只有她，靠冶艳凌厉的角色，在影坛立足。别人都是"像雾像雨又像风"，总是可商可量的，水做的，温吞吞的……她却仿佛一道闪电，迅速、强大、艳光四射地劈开了电影的天空。杨耐梅的传奇性，绝对不是电影媒体塑造出来的，银幕内外，她都是人们嘴边的绝对话题。杨耐梅是个本色演员，她在电影中释放自己的力比多，然后，又安然地回到现实，做她自己。她是那么两极化，忽东忽西，忽上忽下，让人捉摸不透。她是个游戏人间的赌客，赌的就是痛快，玩的就是心跳。她胆子大得惊人，天不怕地不怕；她放浪形骸，追求众人的瞩目。她从影，绝不单单是为钱，而是为了自我价值的实现。杨耐梅是大开大合的，她放纵自己，犹如风雨雷电；她收束自己，则仿佛密室参禅。她是 20 世纪二三十年代，中国娱乐圈的麦当娜式的人物，可以变身蛇蝎妇人，也能化身良家妇女。她奢华、倨傲、恣意妄为。

早期女明星中，很多都是生活所迫才走上电影之路，因为拍电影在当时来说并非光荣。王汉伦就因拍摄电影被兄嫂斥责为有辱门风。但杨耐梅不是被迫的。她出身大富之家，又是家中独女，自小深受父亲宠爱。但这种宠爱，阴差阳错起了反作用，成为日后杨耐梅我行我素的酵素——杨耐梅没有变成父亲期待的那种淑女，而是一切都反着来，走出一条独属于

杨耐梅眼神冷冽

自己的性格之路。杨耐梅读的上海南市务本女中，以严格著称，但她却无心学习，成绩平平，反倒是在演讲、唱歌、跳舞、演戏上大放异彩。她是远近闻名的校花、社交圈上的名媛，她接受目光的膜拜、男人的追捧，愈来愈恣意浮华。日后走进电影圈，她也只是顺其自然地发展了自己这方面的"特长"。少女时代的杨耐梅就尝到了"红"的滋味，所以她更想要"红"，彻彻底底的红。

杨耐梅红得很快。她没入行之前就对舞台表演感兴趣，经常去看演出，自然而然地认识了大名鼎鼎的郑正秋。1924年，靠《孤儿救祖记》大放异彩的明星公司，开始筹拍第二部片子《玉梨魂》，第二女主角筠倩一直没物色到好人选。在郑正秋的推荐下，杨耐梅顺利入行，跟王汉伦演对手戏，混了个脸熟。而后，杨耐梅再接再厉，一口气主演了《诱婚》《新人的家庭》《空谷兰》《她的痛苦》《良心的复活》。尤其是1926年拍摄的《良心的复活》，由包天笑改编自托尔斯泰的名著《复活》，杨耐梅把女主角绿娃的纠结姿态演得惟妙惟肖。影片播放时，明星公司还别出心裁，让扮演绿娃的杨耐梅登上舞台，手持摇篮，唱一曲电影主题歌《乳娘曲》，哀婉凄凉，亦幻

杨耐梅风格特异

亦真,台下观众瞬间为之掉泪,为之疯狂。而这首《乳娘曲》,也顺势成为中国的第一首电影歌曲,百代公司还为之灌了唱片。杨耐梅成了影歌双栖明星。

杨耐梅是一朵香花,很快引来诸多蜂蝶。上海滩的男人们,看过了王汉伦的哭泣,忽然碰到杨耐梅这种动不动给人一鞭子的野玫瑰,顿感新奇,又是怕又是爱。

王汉伦是一抹淡淡的茉莉香,沁人心脾,感人肺腑,杨耐梅则是浓郁的丁香和肉桂,摄人心魄。男人们喜欢看杨耐梅,是要躲着老婆看的。好女孩入闺房,坏女孩被幻想。上海滩的男人们喜欢杨耐梅,有点像喜欢抽大烟,越是不符合传统礼法,越是有种小小的越界的刺激。杨耐梅是一袭肉弹,轻轻一弹,毫不费力便击中了观众们的神经。她是欲望都市里的欲望女神,她用给自己的身体,将民国的女性解放推进了一步,也成功地给了男人们一记温柔的耳光。

在早期的电影女星群体里,杨耐梅算不上美,她脸部有婴儿肥,脸型也不是中国传统的瓜子脸、鹅蛋脸,而是微微有点方,"面若银盘"。但杨耐梅知道自己的长处。拍照片,她很少正面取景,一般都是45度角,或者干脆是侧脸。而且每逢拍写真,她的重头戏总是在一双眼睛,那种凌厉又诱惑的眼神,透露出极大的气场。杨耐梅最崇拜的女星是"银幕坏女人"玛琳·黛德丽,她"美艳"加"放浪"的形象关键词,被杨耐梅记得牢牢的,且有样学样,亲身实践,男装和马裤都是她们的最爱。

人生如戏，戏如人生，杨耐梅成名的另一个重要原因，是她乖张的性格。在20世纪20年代，她是绝对的性格女星。杨耐梅够艳异，她的人生追求一个"奇"字。她是上海滩当年的Lady Gaga。她善于走极端，搏人眼球。她知道，自己的装束就是一出绝好的随身戏剧，银幕上下，她都是演员。那时候上海滩流行烫发，杨耐梅就把头发烫得奇高，走到哪里，都引人侧目。服装首饰就更不必说。杨耐梅每每奇装炫人，穿小西装，配上黑色马裤，标新立异。一件衣服，一套首饰，只要杨耐梅用过，立马风行沪上，人人都以谈论杨耐梅为时髦。杨耐梅成了时尚界的宠儿。海上时尚，从长三书寓的长三，到舞厅里的舞女，到校园里的女学生，渐次传递，各领风骚，现在，女明星们领衔时尚界的时间到了。杨耐梅更是一跃而上，充分体会了成名的乐趣。作为一个"艳星"，她在这方面更是肆无忌惮，一时间"艳闻"不断。

杨耐梅拍过一部叫《奇女子》的片子。故事来源于当时的一则新闻：广东女子余美颜，从小颇有姿色，因为几段婚姻不顺，愈发放浪形骸，不再奢望爱情，走马灯似的换男人。她与其他三位世家姐妹义结金兰，号称"四大天王"，经常因为骑马飞奔、在旅店裸体而受罚。余美颜豪爽任性，视金钱为粪土。她曾经站在自己的阳台上，将成把钞票肆意挥洒，引来人们哄抢，她则在阳台上俯身望着拥挤的人群，放声大笑。杨耐梅为这个剽悍的故事所吸引，亲自主演"于美艳"，在阳台抛洒钞票的高潮场景，惊世骇俗，一下就抓住了观众的神经。《奇女子》完全是波德莱尔式的，残酷而唯美。而神奇的杨耐梅，也靠《奇女子》一片，又一次成为上海滩众人议论的"奇女子"。

杨耐梅豪爽大气，非一般女星能比。她成立过自己的公司，就

《奇女子》极尽奢华的摄影棚

叫"耐梅影片公司"，场地、摄影器材，全都是最先进的，跟王汉伦
自制影片时的寒酸，又是另一种气象。杨耐梅喜欢把事情做到极致。
她跳舞，跳就跳到彻夜欢腾，黑天暗地；她抽鸦片，抽就抽个吞云
吐雾，神魂颠倒；她赌博，赌就赌到一夜输掉 8 万银元也在所不惜。
人生在杨耐梅看来，没必要谨小慎微，及时行乐才是正道。她是"我
辈岂是蓬蒿人，仰天大笑出门去"的，她将女权主义推向了另一个
极端——不是男人玩了她，竟是她玩了男人。她指尖夹着烟卷，轻
吸一口，吐到人脸上，转瞬间男人便失去判断。她的小宇宙极强，
在她的世界里她是绝对的中心。杨耐梅筹拍《奇女子》时，找明星
公司的张石川拉资金，张石川严词拒绝，认为公司没有必要投拍这
样一部"毫无意义"的电影，观众不要看疯女人撒泼。杨耐梅听罢，
索性自己投拍，可是经费又不足。这个时候，山东军阀张宗昌向杨
耐梅伸出了橄榄枝。张宗昌放话：愿助杨耐梅一臂之力，但要请她
去济南面谈。

　　张宗昌，人送外号"三不知将军"，即兵不知有多少，钱不知
有多少，姨太太不知有多少。他好色成性，而且杀人如麻，是个魔

头式的人物。张宗昌土，恶俗，最著名的是他的诗作《游泰山》："远看泰山黑糊糊，上头细来下头粗。如把泰山倒过来，下头细来上头粗。"对于女人，他也是一味占有，糊里糊涂。他来过上海，受到过杜月笙的"招待"，很尝过上海花国女子的滋味，深以为别具一格。现在，他想帮杨耐梅，

杨耐梅冶艳妖娆

说白了，不过"财色"互换。换成别人，躲还来不及，可杨耐梅为了自己的心愿，毅然前往。张石川劝她别去。杨耐梅却表示：男女那点事，别看得太重了，人生不过是一场戏，我们不过是戏中一角。如果戏里要求我们演床戏，那就得演。杨耐梅是直线型的人，她追求一击即中，为达目标，她逢山开路，遇水搭桥，什么世俗规则，都不过是她踩在脚下的过路板。她是有点匪气、又有点侠气的女子，喜欢险中求胜：钢丝独步，悬崖舞蹈。

到了济南，杨耐梅在军警的保护下一路绿灯，被接到高级宾馆。她在济南住了半个月。这半个月里，她与张宗昌形影不离，高调秀恩爱，结结实实地演了一出情妇戏。她与张宗昌，完全是一个愿打，一个愿挨，两下里清楚明白，所以格外轻松愉快。演出结束，杨耐梅立马出戏，带着巨额资金回上海拍她的电影去了。背后的眼泪是否存在，世人不知，但世人确实看到了杨耐梅的洒脱与自如。男人不是她的敌人，而成了她的工具。她不是怨妇，而是女强人，一脚踩上男人的肩膀，一步登天。《奇女子》大获成功，杨耐梅狠赚一笔。

杨耐梅与朱飞

在结婚之前，杨耐梅的私人生活始终是粉色的。拍《诱婚》时，她认识了上海洋货公司的小开王吉亭，后来还住进王的洋房，同进同出，毫不介意。后来，她又挂上奶油小生朱飞。朱飞在上海滩以貌美闻名，被人称为"潘安和武松的结合体"。他和杨耐梅很像，也是出身富户。游戏人间，他们是最好的玩伴，最佳的搭档，一个红男，一个绿女，在上海纸醉金迷的世界里徜徉。杨耐梅后来脱离明星公司单干，与朱飞的撺掇不无关系。她拍《奇女子》，朱飞也是当仁不让的男主角。她和朱飞，像上海滩上两个最最肆无忌惮的孩子，疯狂地享受着，毁灭着。他们想要摘星，攀爬云梯，却一不小心摔下来，搞不好就粉身碎骨。《奇女子》过后，两人因为挥霍，都败得很快。朱飞的放荡与嚣张，使得他的演艺生命迅速枯萎。1934年，朱飞不过31岁，拍完联华公司的《青春》后，他便再也无戏可拍。1935年，他因吸鸦片过多去世。杨耐梅和朱飞的感情，最接近于爱情，他们是那么像，但这段感情，注定修不成正果。

杨耐梅靠直觉生活，世俗的规则不是她的紧箍咒，而是她的呼啦圈。她生于大富，又是独女，是个标准的"富二代"。可是，在拍完《玉梨魂》之后，她的影星梦和父亲的家长经起了冲突。大富之家，面子为重，怎么能容许千金抛头露面？而且，还是演那样一种有违礼法的角色。父亲的话，杨耐梅先是听，然后细思细想，还是不能摆脱本我欲望的诱惑——她想成明星。杨耐梅活得真，她从不委屈自己，在忠孝节义和自我的实现之间，她毫不犹豫地选择了后者，机不可失，失不再来，人生没那么多时间供你思忖，才上眉头，又上心头式的忧郁是与杨耐梅不相干的，她离开了家，做了"娜拉"，放弃了去英国留学的机会，呼啸着成为明星公司"四大名旦"。

杨耐梅放得开，也收得回来。1931年，中国电影进入有声时代，胡蝶等一干后起之秀，一跃成为影坛最红的女星，杨耐梅的时代过去了。她去演话剧，纵然轰动，收入却很微薄。她去拍电影，身为广东人，国语不灵光，挣扎着拍了几部，却都不甚出彩，在天一公司，她又不可能与老板娘陈玉梅争锋，只好淡出影坛。这时候，绝处逢生，杨耐梅遇到了世家子弟陈君景——国民革命元老陈少白之子。陈杨两家是世交，杨耐梅拍摄《奇女子》时资金遇到苦难，陈君景便是杨父的使者，被派来给杨耐梅送钱。陈君景留学美国，是经济学博士，为人素朴成熟，一表人才。他与杨耐梅是极好的互补，他们一个素，一个艳；一个柔，一个烈，放到一起，竟也是绝配。

《奇女子》过后，杨耐梅的事业受到重创，一筹莫展，心情寡淡。陈君景俨然上天派来拯救杨耐梅的圣徒。他们举办了简单的婚礼。结婚后，受夫君影响，杨耐梅洗心革面，繁华褪尽，戒毒戒赌，一心做个好太太。她父母见她上道，欣喜万分。她终于成了他们想要她成为的那种人——相夫教子，贤良淑德。然而好景不长，1942年上海沦陷，杨耐梅与丈夫、女儿一起，移居香港。出人意料的是，1956年，杨耐梅和陈君景仳离，个中原因不足为外人道。但风流一世的杨耐梅，却因为婚姻的破裂，而没能完成脱胎换骨。幸福的背后，一地颓唐。

20世纪50年代，香港新华影业邀请几位老影星张织云、杨耐梅、吴素馨、林如心演《天堂美女》，企图推陈出新，东山再起。怎奈老美人几经离乱，早已风华不再，更讽刺的是，片子拍到一半，摄影棚起火，差点让几位老美人葬身火海。《天堂美女》过后，杨耐

杨耐梅在香港

梅彻底告别电影，贫困潦倒。

一日，电影人沈寂和程步高在香港街头，转角处忽然走过来一个女人，穿着一件老衣服，但是格式很高尚，好像是过去贵妇人穿的。这女人有些瘦，但气质很好。她手里夹着一支香烟，象牙的咬嘴。女人一步一步走，走得很慢，却很有气派。沈寂问程步高这是谁，程没有回答，只是从口袋里拿出 10 元钱来，走近的时候，便交给这个女人。那女人伸出手，拿过去，往口袋里一放，点一下头，也不笑，回头就走了，好像她应该拿的。她在行乞，理直气壮的，她是杨耐梅。即便是最落魄时，杨耐梅依然死守着一种姿态，一份精神，未曾跌坠。她的人生，终究落在一个"大"字上：她是大女人，大富大贵，大鸣大放，大起大落，大喜大悲，然后，大彻大悟。她是民国影坛一个大大的感叹号，总给人们大大的 Surprise。

杨耐梅人生最后的日子在台湾度过。女儿女婿得知她的窘境，接了她去台北。年老色衰四个字，让杨耐梅终于成为人生的弱者，她毕竟是靠身体搏未来的人。她后悔自己年轻时没为后来打算："余衷想前事，如春梦一场，甚思同业后辈，以余为借鉴，得意时切要留做后步，为老年时作计算。"就仿佛《红楼梦》里的王熙凤，若早买几块地，也

杨耐梅晚年

不至于一败涂地。

　　鲁迅先生曾说，娜拉走后怎样？不是堕落，就是回来。杨耐梅是堕落了，但是想回，却险些回不来。杨耐梅的一生，始终在抵抗，走出家庭，抵抗的是父亲，化身艳星，抵抗的是男权的社会，而被家庭抛弃，则是她无可奈何的失败。杨耐梅是欲望之花，娇艳、美丽，影影绰绰，男人们在脑海中幻想幻想，满足自己那点窥探欲，便回过头，继续做自己的好丈夫、好爸爸，哪还顾得上身后那朵被消费的花，在红尘里慢慢凋谢。

　　晚年的杨耐梅，干、瘦，穿着一件碎花短袖衫，像个旧时代的标本。她静静地坐着，表情沉静、淡然，沧海在胸，此生无憾。世事的波折，岁月的摧残，仿佛没有将她击败，她还是当年那个勇闯明星公司摄影棚的女孩，大气非凡。最特别是她那灼灼的一双眼，竟无疲惫，硬是把红尘看遍。

情戒 · 一个苍凉的手势【@张织云】

　　张织云大概是中国影坛的第一个玉女明星了。她和王汉伦，走的都是悲旦路线，只是，王汉伦是忧伤的少妇，张织云却是忧伤的少女，年龄段不同。张织云清、秀，似弱柳扶风，短短的一张圆脸，有种孩子气的淳朴未凿。王汉伦却是一派成熟风韵。张织云的形象是弱的，弱到你不忍心同她大声说话。她是娇花一朵，将开未开，带着露水，惊现人间。她是东方弱女子，像一首婉约的宋词，才下眉头，又上心头。在一张相片里，她包着蕾丝头巾，长发搭在胸前，穿着下摆是褶皱的连衣裙跷腿而坐，慵懒中带着点娇俏。她是民国

玉女张织云

影坛不可多得的萝莉型演员。最特别的是她的一双眼，眼皮看上去微微有些肿，好像含着一包泪，眼角下拉，三角似的，更惹人怜爱。

张织云，幸，也不幸。上帝为你关上一扇门，总不忘帮你打开一扇窗。张织云本名张阿善，3 岁时便失去母亲，是个标准的底层女孩。阿善这个本名十分潦草，毫无蕴藉，与出身大家庭的彭剑青（即王汉伦）比，缺少了一些底蕴。幼年时她就跟着养母到上海讨生活。张织云读书不多，初中没毕业就已然辍学，社交范围也窄，对人情世故并不谙熟，一切行动只是听从养母指示。她和养母的关系，关键词在于一个"养"字，她们多少像互助合作组，前面十几年，是养母养活张阿善，后面十几年，就该张阿善养活养母。养母的付出，从来不是无私的，不要回报的，就像是是马戏团的班主，养大了孩子，好，可以表演了。

张织云曾有过幸运。她的入行经历，可谓炒作学的经典范例。平心而论，张织云长得是有特色，但绝对不是第一眼就让人觉得惊艳的美人，但她的出道，却与外貌有关。1924 年，顾肯夫等人创立大中华影片公司，登报招募演员，借用《申报》的邮箱作为收相片的地址。一时间应征者如过江之鲫，到截止日，

张织云《人心》剧照

竟然多达万张，但老板们都没看上。此时，有人反映，好的照片都被报馆的记者拿走了。在老板们的逼迫下，记者交出了 10 张照片，张织云的美照便位列其中。老板们大觉"奇货可居"，加以宣传炒作，张织云就这么进入了电影圈。1924 年，张织云出演电影《人心》，顾肯夫导演，卜万苍摄影。她演一个因自由恋爱遭公公反对，但最终又被传统家庭接受的苦情女，由此崭露头角。1925 年，她又出演

《战功》，影后胡蝶那时刚出道，只能给张织云当配角。

1925年，张织云从大中华公司转入明星影片公司，开始了她在电影界的华丽之旅。1925年，她演了《可怜的闺女》和《新人的家庭》，都堪称大制作。《新人的家庭》更是堪称当时最豪华的明星阵容，王汉伦、杨耐梅、宣景琳、黎明晖、郑小秋、张慧冲、傅文豪……最华丽的是，明星公司的四大花旦"王杨张宣"悉数出镜，轰动一时。1926年，张石川执导了他生平最重要的电影之一《空谷兰》，张织云一人分饰两角，与银幕情人朱飞联袂演出，其他大卡司都甘当她的配角，一举轰动上海滩。作为国片，《空谷兰》破天荒登陆著名的卡尔登大戏院首演，明星公司还煞费苦心，随票附赠各色图片以及厚达30页的手册，引逗观众追捧。张织云红透了。她首演的《空谷兰》也成为中国民族电影史上的一部经典影片，有人说，"谈早期电影，必谈《空谷兰》"，张石川对这部片子念念不忘，电影进入有声时代后，他再次翻拍《空谷兰》，请胡蝶主演。天一公司也翻拍过《空谷兰》，改名《纫珠》。进入四五十年代，香港也曾两度翻拍粤语版。

张织云很不幸。她有运气，却无城府，无算计，幼年缺失的教育和唯利是图的养母，让她的未来路坎坷不平。繁华时，她尽情享

《空谷兰》剧照，戴墨镜者为张织云

受全无打算；落寞时，她幡然醒悟，但天时地利都已经是"过期不候"，张织云自己又因放纵而毫无准备，只能黯然销魂。张织云和阮玲玉，都属于缺爱型的女子，终其一生，她们都在寻找一个家，也正因为如此，她们无法抵抗唐季珊曾经的"善意对待"。可是，在事业上，阮玲玉比张织云又要有天分且认真得多。阮玲玉和张织云，都曾在张石川的明星影片公司待过，后来也都"出走"，另谋高就。可是，阮玲玉的出走，是因为她在"明星"被雪藏，无片可拍，发展受阻，才不得已自投简历，跳槽去大中华百合，而后，联华成立，阮玲玉找到自我定位，就安安分分在联华拍片，没再换过东家。可张织云呢？由于自身的无主见和养母的鼠目寸光，在明星影片公司用《空谷兰》捧红张织云之后，张织云的养母竟因为酬劳和所谓"乡谊"，带着女儿出走民新公司，为后来张织云混迹欢场埋下祸根。张织云从影数年，却绝大多数时段都是养母的傀儡。在银幕前，她是众人追捧的大明星；脱掉戏服，卸掉美妆，她又成了养母的提线木偶。可是，她和养母的关系，又确实是割不断，离不开，她们之间有恨有争吵，但多少年下来，张织云或许也已经习惯事事听从养母的安排，试问，偌大的上海滩，除了身边这个母亲，她还能同谁说话，与谁相依呢？

张织云有两段感情，开始和失败，都与养母的不作为有些关系。张织云是一株梅花，原本自由生长，且歌且唱，可养母为了钱，硬是削削减减，铸就"病梅"。张织云入行的第一部片子《人心》，就是卜万苍担任的摄影师。后来，她转明星公司，卜万苍也一路随同，用精巧的摄影技术，避开张织云扁平面部的诸多死角，将张织云拍得美若仙子，星途平坦。张母见卜万苍是个有用之人，便放纵张织云和卜万苍自由恋爱，不久，两人在古拔路租屋同居，张母默许并无反对。1926 年，张织云转入民新公司，主演电影《玉洁冰清》，卜万苍一路跟随，做该片导演。他们一个是胖乎乎的金童，一个是娇滴滴的玉女，如果长相厮守，长期合作下去，张织云在影坛的发展，稳扎稳打，想来不会差。可张织云变得很快，进入民新，拍完《玉洁冰清》，她便与卜万苍分手。一天，张织云从苏州拍片回上海，也不打招呼，便收拾细软，搬回养母家，两人关系彻底结束。张织云也自觉理亏，后来还免费拍一部《未婚妻》还卜万苍的感情债。来来去去，张母听之任之，什么幸福真谛，才不是她在意的重点，富贵荣华才是她所追求的。

　　张织云迷失在酒绿灯红。养母带她跳槽去民新影片公司后，两大老板都对她"照顾有加"。张织云拍《玉洁冰清》，黎民伟自告奋勇要当男主演，只为能与明眸善睐的女一号同台飙戏。另一位老板，法租界巡捕房翻译李应生，更是引荐他太太给张织云认识。从此，民新公司的老板娘李太太——周淑芬，便成了张织云混迹沪上上流交际圈的引路人。张织云红了，人见人爱，她成了一块活招牌，成为富人们的座上宾，一顿饭，有张织云在座，自然面子十足，"蓬荜生辉"。渐渐的，张织云的应酬多了，饭局满了。刚开始，周淑芬还

张织云惹人怜爱

邀请卜万苍同往，可到后来，干脆不请卜万苍了。谁会欢迎一个胖乎乎的摄影师？大家追慕的，是电影明星张织云。张织云穿上旗袍、高跟鞋，披上最美的披肩，戴上最摩登的饰品，一头扎进夜上海的浮华里。

　　张织云成了交际花，与富商巨贾周旋，且眼界渐开，她明白了物质的好处，肆意沉迷，不出数月，

卜万苍的书生气，已经开始让她觉得厌烦。她不爱他了。追求她的人有的是。她体会着成名的乐趣，享受着男人的追逐，鲜花、美酒，舞厅的灯光，仿佛天罗地网，温柔地向她扑过来。张织云双臂一展，双眼一闭，尽情享受，无边夜色，便是她精美的鸭绒被。可是，张织云的尴尬在于：她过于简单的头脑、单薄的人生历练、贫瘠的知识储备，都使得她不可能成为像唐瑛、陆小曼那样的名媛。真正高明的交际花，必须懂得逢迎进退的尺度。人际关系，说白了不过是人与人之间距离的艺术，真正高明的交际花，是要能够常在河边走，却一直不湿鞋的。张织云显然做不到。她初下欲海便迷失了，她的身边，是走马灯似的男人，红唇软吻，曼舞微醺，张织云享受着，毁灭着。

张织云很有些古典气质

1927 年离开上海前的张织云

在人生最好的年华，张织云遇到了唐季珊。茶业大王唐季珊，富贵、圆融和老练，像一道追光一下照亮了张织云内心微暗的角落。张织云是缺爱的，对待男人也经验不足，幼年时父亲的缺席，让她找不到一个可供参照的对象作为寻找另一半的榜样。唐季珊是懂得女人的，他更知道怎么利用女人的弱点。张织云要爱意，唐季珊立马送上蜜语甜言；张织云要关怀，唐季珊恨不得每天都去片场探班；张织云要虚荣，唐季珊立刻奉送贵重礼物，一掷千金；张织云要名气，唐季珊甚至不惜操纵选票，让她当上"电影皇后"。面对这样一个全能型的男人，张织云是无抵抗力的，她呼啦一下就陷进去了。她不管什么卜万苍的哀叹，也不管社会的舆论，她甚至可以为爱情放弃事业，毅然息影。为了爱情与虚荣，她不要名气，也不要名分，毅然同居，甘心做唐季珊金屋里的小鸟，不见天日，只是静坐家中，以为他就能给她一个现世安稳、岁月静好，这一年，她不过 23 岁。的确，一小段时间内，张织云成了"阔太太"，深居简出，偶尔的外出，不过是去永安先施这样的百货公司扫一扫新货。她以为自己可以无忧无虑过下去。

息影后的张织云，曾陪唐季珊去好莱坞推销茶叶。唐季珊同时期望张织云能在好莱坞有所发展，赚得大钱。可是，好莱坞并没有向这两位投机者敞开大门。唐季珊的茶叶卖不出去，美国人对茶叶的兴趣显然还不够高涨；张织云也没拍成电影，"中国上海电影皇后"的名头，未能蒙蔽美国人的判断力，张织云圆圆的脸，不甚立体的五官，都不符合西方人的期待。而且，张织云不但普通话欠奉，英语不通，在才艺方面，也没什么"稀奇"，顶多只能"琅然背诵琵

张织云在美国

琶诸曲"，根本比不过此前在好莱坞混的 Anna May Wang、Olive Yang 等几个亚洲面孔。两人铩羽而归。

回到国内后，可能美国之行的失败让唐季珊对张织云大失所望，唐季珊对张织云逐渐厌倦。不久，张织云惊奇地发现，唐季珊在乡下早有妻子，她不幸做了"二太太"，而且唐季珊还恋上了影坛新贵阮玲玉，她已成为唐季珊丰富感情史里的明日黄花。张织云说："归国后，我和季珊，很不幸的，彼此竟生了隔膜，第一次使我心理上受刺激的，是我知道他有了夫人。第二次使我受着刺激的，我知道他分心去爱在我以前他曾爱过的妓女'花神老四'。第三次使我受刺激的，他又爱了在我以后的一爱人。"电影《阮玲玉》里有一句台词说得讽刺，提及张织云，小舞女开口便说她"被唐季珊关在家里抽鸦片，唐却在外面泡妞"。1932 年是张织云人生的滑铁卢，前面的种种，繁华也好，风光也罢，似乎都是为了衬托这一年的惨淡，她是天上一朵云，流着泪，直接掉进黄浦江去。唐季珊离开了她，影迷们几乎忘记了她，即便偶尔有人在杂志上提起她，也只能是一副"无可奈何花落去"的口吻。

一手捧红张织云的张石川曾说："一个镜头前的演员，能照导演的指点，做到百分之六十以上，已经是挺不错的了，能做到百分之七十算是上驷之才。阮玲玉兰心蕙质，一点就透，能把导演想法做到九成以上，为影坛不经见的一朵奇葩。张织云由于受教育程度不高，初入影坛又仅谙粤语，指导她在开麦拉前表演，非常吃力，跟阮玲玉的演技来比，实在无法相提并论。不过她谦抑虚心，所以后来也成为一颗红星。"阮玲玉在自杀前，也还一直专注于电影。情感、事业、名誉为阮玲玉一生最为看重的。而张织云呢，有了点成就，就听信男人的话，"急流勇退"，放弃五年打拼的影坛位置，等受了骗，再回来时，影坛已经没有她的位置。她与唐季珊，是种下

张织云持扇而立

孽缘，结出苦果。不过，只有她独自品尝。

20世纪二三十年代之交的上海影坛，新秀冒起，老将复出，争得头破血流。1928年，胡蝶凭借明星公司为她量身定做的《火烧红莲寺》，烧得上海滩众多以演悲旦擅长的女星们七荤八素。与张织云同期的名旦们，纷纷各谋出路。王汉伦自组公司，拍了一部《女伶复仇记》海赚一笔后，息影开美容店去了。杨耐梅、宣景琳、黎明晖，也都纷纷"示弱"，等待新的时机。黎明晖因为有父亲黎锦晖的歌舞团做后盾，电影不拍，转身就回去演舞台剧，到了30年代，联华公司以一种清新的姿态雄霸上海影坛，黎明晖带着"明月社"的师妹们卷土重来，不但自己有戏拍，王人美、黎莉莉，甚至她继母徐来，都成为电影界一股不可小觑的力量。而宣景琳，到了30年代也"老树开花"——她苦练国语，终于在有声片中再现辉煌，且戏路越来越广。

宣景琳、黎明晖的"复出"，让张织云看到了些许希望。她戒掉鸦片，恢复体型，苦练国语，想要东山再起。她找到明星公司的元老任矜苹，求他成全。任矜苹也认为张织云曾红成那样，再次复出应该不成问题，便找到张石川，请他为张织云谋划。张石川念及旧谊，愿助张织云一臂之力，为她"量身定做"粤语片《失恋》，张织云在片中演她自己，想靠贩卖隐私重新回到事业巅峰，怎奈沪上观众对粤语片并不是十分感兴趣，且全片灯光、对白都不足取，张织云终究没能咸鱼翻身。她离开影坛太久了，落伍的不是一点半点，台词、装扮、感觉，忽然全不对了。一代默片影后，自此一蹶不振。《失恋》过后，张织云也努力想要奋起，既去南洋演过歌舞片，也在欧阳予倩的《新桃花扇》里轧过一角，但都如微风掠过海面，引不起太大波澜。这是张织云最后一次复出，便是 1953 年与吴素馨、杨耐梅、粉菊花、林如心等人拍摄《天堂美女》，哪知拍到一半片场起火，几位过季金花自己差点没上了天堂。

张织云和阮玲玉有种奇异的缘分。她们都是广东人，都演悲伤的角色，喜欢过同一个男人，又都被同一个男人耍弄，而且她们又在自己事业最高峰时跌坠：一个隐退江湖，一个自杀魂断。阮玲玉与唐季珊初缠之时，张织云曾写万言书发到报纸上，谴责唐季珊，怎奈效果不大。她又通过私人电话对阮玲玉说："唐季珊不可靠！不要相信他的甜言蜜语！"阮玲玉难得寻到"皈依"，怎肯放弃，对她不理不睬。阮玲玉死后，张织云惋叹："余于阮之死，亦不欲有何批评，但认为中国妇女因缺乏真实学问而致其悲痛耳。大概妇女因缺乏真实学问之故，意志比较薄弱，每在遭受痛苦时，易为错觉支配。"叨在同性，又曾同爱一人，张织云也在反省自己，只恨，为时晚矣。

张织云和胡蝶也有交集。张织云当红时，胡蝶不过是给她配戏的女孩。胡蝶与第一任丈夫林雪怀，就是在张织云家中认识的。那时候，张织云和胡蝶正在拍《战功》，卜万苍和张织云还在一起。后来，张织云为唐季珊抛弃，她也曾和胡蝶诉苦。胡蝶当时是明星公司的台柱，估计也少不了向张石川举荐张织云复出。只是，演员有意，观众无情。胡蝶和阮玲玉也是朋友，从张织云到阮玲玉，胡蝶吸取了不少教训，可她也有自己的磨难，这是后话。张织云后来到香港，胡蝶也在，有无联系不得而知。前后两个电影皇后，结局如

张织云与卜万苍合影

此天差地别，令人叹惋。

与张织云分手后，卜万苍发展顺利，声名鹊起，继续做导演，拍过《湖边春梦》《挂名夫妻》，还有王汉伦自组公司投拍的《女伶复仇记》。联华影片公司成立后，他又顺利应征，与阮玲玉合作，拍摄《恋爱与义务》。卜万苍大概一直忘不了张织云，有趣的是，那部他和张织云的"分手片"《玉洁冰清》，后来竟被翻拍过两次，一次改为《渔家女》，周璇出演女一号，一次改为《渔歌》，林黛主演，唯一不变的阵容，是电影的导演——卜万苍先生。也许虐心的回忆，真的不妨一遍遍品尝，人生由此成长，也因此惆怅。张织云是卜万苍人生中一片窝心的云，来了，去了，了无痕迹。现在很难得看到的一张卜万苍和张织云的合影，画面中，卜万苍坐着，梳着大背头，笑容怯怯的，张织云对着他站着，穿着织锦旗袍，脚上是平底鞋，手中捏着一朵花。

抗战初期，出身贵胄的唐鲁孙，曾在天津巴黎大饭店碰见过张织云。曾经的影后，此时已是软红十丈，没有能力再度复出。她的养母已经去世，张织云在武汉混了一阵子，又转来天津，在鱼龙混杂神女遍地的大饭店里厮混。唐鲁孙见她可怜可叹，偷偷帮她付了一个月房钱。有人说，20世纪40年代，张织云嫁给了一个名叫张叔平的人。张叔平做过特工，参与过策反周佛海，，流亡香港，张织云随同。张叔平晚年经济拮据，张织云的日子，想来也不会太好过。再后来，有人发现张织云在香港街头行乞，悲苦万状。她于 20 世纪 70 年代死于香港，具体去世时间不详。

绽放 · 你是浊水我是荷花【@宣景琳】

宣景琳是最认真的一个人。她的电影生涯，几乎是一个励志故事。看宣景琳的照片，即便是在最好的年纪，做最华丽的服装（拉风的巴洛克式的大高领），化最冶艳的妆容，她也还是有点"苦"味的。宣景琳的苦，不是苦咖啡的苦，苦咖啡的苦太清醒了，也有点洋气，苦中还有着享受。当然，她也不是黄连的苦，黄连是一苦到底，一下就能把人击垮的。宣景琳的苦，有点类似《红楼梦》里提及的苦瓠子，有种生活逼迫的意思。宣景琳的眼神常常流露出哀怨，嘴巴又有点瘪，所以后来格外适合演老太太的角色，也正因为此，她得了个"小老太婆"的"美誉"。

宣景琳是苏州人，出生在上海，家里很穷，姐妹四个，还有个哥哥，父亲是个送报工。宣景

少女时代的宣景琳

琳读过几年私塾，上过几年教会办的女校，但最终都因为经济问题而辍学。宣景琳幼年的苦，纯粹是生活的艰难。吃穿用度，家里那么多只手伸着，那么多张嘴张着，靠父亲和哥哥做活养活，自然艰辛。15岁时，宣景琳的生活发生"大地震"，母亲去世，随后父亲和哥哥也相继生病，无法支撑起一个家。放眼望去，家徒四壁，弄堂的天，又窄又小，宣景琳思来想去，还是把自己典给了四马路的妓院，堕入烟花。

也正因为这一段不堪回首的经历，宣景琳始终是有些自卑的，与同期的明星公司三位名旦王汉伦、杨耐梅、张织云比，她多少有些赧颜，与和她同龄的电影皇后胡蝶比，更是差了一截。赤裸裸的过去，仿佛一道抹不去的红字，刻在宣景琳的心头。宣景琳说："我一生中，永远忘不了最心痛的一件事，就是旧社会逼得我在少女时代堕入火坑。"宣景琳是谦和不触目的，上进的，踏踏实实追求生活的，因为她跌至过谷底，所以更加明白清爽日子的来之不易，她有种"找补"心态。因为曾经迷失，所以上岸后，也要"狠狠"地认真生活。她好好演戏，更好好做人。

宣景琳跟娱乐圈很有缘。她有个娘舅，曾在上海著名的"笑舞台"管账。宣景琳近水楼台先得月，经常去看京戏和文明戏，并因此认识了郑正秋。8岁那年，她便跟郑正秋同台演戏。9岁时，她又跟邻居的戏班学习青衣，很快登台。15岁时她陪张石川的表妹经家大小姐去霞飞路试镜，被张石川看中，但因家庭的阻拦，没能进入演艺圈。1925年，在明星公司著名演员王吉亭的引荐下，宣景琳重返"明星"，拍《最后之良心》，成为明星的签约演员，每拍一部片子，能拿500块大洋，身价直逼头牌花旦王汉伦。紧接着，宣景琳参演了大制作《新人的家庭》，又演电影《小朋友》，在上海滩声名鹊起。到1926年，上海《新世界》杂志举办"电影皇后"选举，宣景琳位

成为明星的宣景琳

列前四名，成为明星影片公司麾下的"四大名旦"。

宣景琳入行并不容易。15 岁被张石川看中，但却误入莽红尘，做了雏妓，直到 18 岁才重新找到机会，拍了人生第一部片子。因为舞台经验丰富，且领悟力强，宣景琳很快就在表演上实现突破，大红大紫。可是，即便在跻身"四大名旦"之后，她仍旧不是"自由之身"。拍完戏，黄包车拉着走，上海的弄堂路弯弯曲曲，又细又长，仿佛没有尽头。回到妓院，宣景琳的片酬一把被老鸨搜出并夺走。宣景琳要走，老鸨不许，还放出话说：想再出去拍电影，拿 2000 块大洋的赎身费来。声名远播的电影明星，居然还要受一个老鸨的威胁，中国早期女演员的来路可谓艰辛，幸好张石川找来明星公司五大股东，共同出钱把宣景琳给赎了出来，招致麾下，成为王牌。

宣景琳知道感恩，懂得珍惜。明星老板仗义，帮她赎身，宣景琳谨记心中，认真拍戏，未敢怠慢。她前前后后帮明星公司拍了 40 余部电影。在她的半自传式电影《上海一妇人》开拍后，宣景琳"固执"地与公司定下合约，以后自己每拍一部片，都要抽钱返给公司，作为她还给公司的"赎身费"。上海滩春色无边，也险象环生，宣景琳时刻保持警惕，即便是最红的时候，她也还是保持低调，做自己该做的事，演戏之外不再旁生枝节。她不像张织云，沉溺欲海，也不似胡蝶、阮玲玉，时不时绯闻上身，银幕前，她忽而悲苦，忽而冶艳，但银幕后，她就是淳淳朴朴一妇人。宣景琳够敬业，她明白演艺圈云诡波谲，不努力随时都会被淘汰，宣景琳从未像张织云一样，主动隐退，她需要工作，最当红时，她一天跑三个组，直接晕倒于片场。下午黄包车拉她回家，晚上小汽车又接她去片场，累得骨酥筋软，化妆都是躺着化的，但灯光一亮，她还是继续站起来拍。

宣景琳是民国影坛少有的常青树。她懂得蛰伏，认真又努力，所以即使风光再变，宣景琳也能够找到自己的位置。宣景琳是一株老树，冰雪来了，战火来了，风雨雷电来了，她静默无言，储存力量，等到风和日丽、春暖花开，她总能够找到机会"老树开花"。1928年，胡蝶从天一影片公司跳槽到明星公司，拍《火烧红莲寺》，瞬间带起了影坛的武侠热。宣景琳尴尬了，她是以演家庭伦理片出名的，打打杀杀的武侠片，她并不适合。无奈之下，她只好和杨耐梅、王汉伦、黎明晖等"老影星"一起，急流勇退，以待来日。

1931年，明星公司准备开拍有声片《如此天堂》，本来想启用宣景琳，但有人说什么"天不怕，地不怕，就怕苏州人讲官话"，张石川因此换掉宣景琳，改用胡蝶。宣景琳大为气愤，回家苦练国语，准备"复仇"。1931年，天一公司找她和杨耐梅拍有声片《歌场春色》，宣景琳挥洒自如，大秀国语，轻松比下同台竞技的杨耐梅，强势回归，令人惊叹。要知道，从无声片到有声片的过渡，尴尬了不少女演员，广东籍的杨耐梅、张织云、阮玲玉都曾遭遇此劫。杨耐梅、张织云无戏可拍，阮玲玉靠着联华的无声片登顶默片皇后之位，但她不是没有危机感，在死前9个月，她还一直在苦练国语。相较之下，宣景琳的转型，就更显可贵。

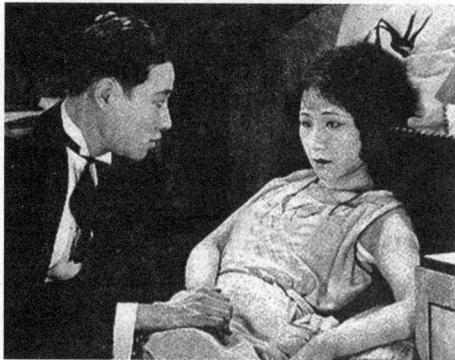

1931年《歌场春色》剧照

宣景琳有气有节。上海沦陷后，日本人花重金请她去东京拍片，她立马宣布息影，退出影坛。1949 年之后，风气大改，她才欣然复出，在中南海受接见，而后再接再厉，一口气拍了《家》《三八河边》《长虹号起义》《地下航线》等影片，完成"红色"转型。在民国上海的电影界，宣景琳是少有的几个有始有终的女演员。她演技精湛，可塑性强，什么角色都演得，交际花、苦情女、地下工作者，她都驾轻就熟。戏路宽广，也是她在各种环境下都有戏可演的重要原因。

宣景琳的感情生活，也是一出戏，一波三折，好似水袖舞起。宣景琳在烟花之地应酬时，认识了洋行买办家的王六公子，两人情投意合，悄生情愫，暗许今生。只是，宣景琳"上不了台面"的出身，很难让高门大户的王家同意这门婚事。宣景琳暗下决心，存钱赎身，再与王六双宿双飞。几年后，宣景琳投身影业，大红大紫。王六再次向家中表示，要迎娶宣景琳进门，王家不许，"明星"三巨头之一的郑正秋得知，亲自上门，为宣景琳"保媒"，这次结下亲缘。1925 年，宣景琳出闺成大礼，与王六公子在国际饭店摆酒宴客，结为夫妇。哪知，婚后一年，随着宣景琳的走红，小报也开始对她有闲言碎语。王六作为名人家属，经受不住流言的考验，夫妻间隔阂日增月长，终至破裂，仿佛西天取经一样艰苦争取得来的爱情，终于抵不过流言的侵蚀和日常生活细碎的考验。1936 年，宣景琳退出影坛，和上海著名的中医沈鸿来结婚，做起了贤妻良母。

宣景琳和胡蝶很有缘法。胡蝶进明星公司的时候，宣景琳已经是明星的著名演员，但是，胡蝶还是凭借《火烧红莲寺》一跃成为"明星"的一姐。宣景琳对胡蝶多少有些不服。1933 年，明星开拍《姊妹花》，胡蝶是绝对女主角，一人分饰两角，风光无限。宣景琳对胡蝶，刚开始是不合作，情况的严重度基本属于"有我没她"、水火不容，但在郑正秋的劝说下，宣景琳还是演了，而且演了一个老妇人，就此打开戏路，开启了自己表演生涯的老妇时代，这着实不易。要知道，宣景琳和蝴蝶是同龄人，宣景琳出道还要早一些，而且又是"四大名旦"，要咽下这口气，甘当大绿叶，很需要一些胸怀。

宣景琳饰演老妇人剧照

宣景琳是清透的，包容的，她的世界总有一种和善气，这也是她能够一而再再而三地渡过难关的原因之一。在胸怀气度方面，胡蝶和宣景琳很像，她们都是"大女人"，因为经过风浪，所以淡定，所以坦然。胡蝶曾在回忆录里写："宣景琳在《姊妹花》一片中，更是驾轻就熟，演技发挥得淋漓尽致。也正因为有她和郑正秋的通力合作，我自己的演出才能达到一个更高的水平。"1987年，宣景琳八十大寿，胡蝶也逢八十，她们一个上海，一个在温哥华，中间隔着一大片太平洋，晕染着往事与挂念。宣景琳说："我现在正在思念一个人——她就是胡蝶。"曾经的对手戏，如今的两岸情，时光带走的是青春，带来的是回忆，俱往矣，当年的争锋与携手，都变成时光沙漏里最有韵味的片段，温暖如昔。

宣景琳做人始终恪守一个准则：自食其力。她辛苦了一辈子，晚年总算安稳，靠自己的退休工资过活。宣景琳特别喜欢猫，晚来无事，她养了五只猫咪做伴，不算寂寥。宣景琳也有些"猫相"：细长丹凤眼，薄而小的嘴巴，略微有点翘起的鼻头。老话说，猫有九条命，纵观宣景琳一生，她又何尝不像一只九命猫，历经劫难，一命犹存。对宣景琳来说，生活其实很简单，就是一个"熬"，潮起时一跃而上，潮退时也不必暗自神伤，毕竟再红的红花，也有褪色的时候，再绿的绿叶，也有大放光彩的契机。

对待生活，宣景琳一丝不苟，生活也毫不吝惜地给予她馈赠。她一直活到 20 世纪 90 年代，几乎横跨了一个世纪，亲历中国电影的默片、有声、彩色等好几个时代，眼见一代代演员、导演来来去去，沉沉浮浮，也曾在影坛这个光鲜又浑浊的地方，起起落落。她仿佛民国的舒淇。因为舒淇小姐，有所谓"要把脱掉的衣服一件一件穿回来"之说。宣景琳从烟花巷走出，但却似乎是民国女星中最正经最清洁的一位，如此的相反相成的奇景，是她做人的成功，也是命运的微微戏谑与反讽。

起落 · 柔软的力量【@胡蝶】

在民国电影女明星里，胡蝶并不
是条件最出色的。论容貌，她称不上是
绝色，顶多算是有特色，一张鹅蛋脸，
一双吊梢眼，还有就是那个令人过目不
忘的酒窝。胡蝶拍照，永远是抿着嘴微
笑，唇线化得像一只寿桃的尖，弥补嘴
唇略大的缺陷，她的一双眼睛通常是微
微朝上看，迷离的，慑人的。与在她之
前走红的殷明珠、王汉伦比，胡蝶少了
一些摩登味道；与张织云、阮玲玉比，

花与胡蝶

胡蝶又少了那么点东方的韵味；用现在的眼光看，胡蝶五官嘴巴太
大，不够精致，化妆之后，更像是从月份牌上走下来的美女，缺少
了那么点"永恒"之女神的神采；而论演技，《姊妹花》里的胡蝶，
一人分饰两角，纵然是已经"炉火纯青"，但这"纯青"，还是能看
出痕迹，跟阮玲玉比，又少了几分天赋。

可就是这么一个各方面条件算不上最优的胡蝶，成了民国女明

星里艳压群芳的人，她一人独得三次"电影皇后"桂冠。每次大的电影变革，她都能"亦步亦趋"，紧跟潮流，并且一跃而上，成为风头最劲的人物。无声片时代，胡蝶从天一公司转会明星公司，无论古装片，还是现代片，她都有代表作。到了20世纪30年代，无声片朝有声片大转变，胡蝶又首演《歌女红牡丹》，占尽先机。待左翼风潮涌起，胡蝶又演《狂流》等影片，一跃成为拍左翼电影最多的女演员。

在电影界，胡蝶是左右逢源的。但要知道，民国的电影界，并不平静，胡蝶红到发紫，自然更是"众矢之的"，人人都盯着看着。别说后来戴笠对她的"软禁"，就是此前的离婚，与张学良跳舞的传闻，就足以把任何一个女明星击垮。这种例子很多。情感上的困扰和众人的口水，便把一个阮玲玉葬送。胡蝶遭受的风浪更大，情况更复杂，处境更危险，但红遍半边天的胡蝶小姐，却总是能够以柔克刚，以弱胜强，迎来生命的新天地。她好似一竿绿竹，风来雨去，总能自动调整姿态，随风雨飘摇，却不失去内在的力量，最终

胡蝶有一种端庄的气质

实现反弹，笑傲人生。胡蝶贵在有自持力，她不惹事，也不怕事，她更圆融，不走极端，低调而谦和。在民国那么多女星里，胡蝶最具有大姐大气质，她是花中的牡丹，既诱惑又端庄。

与阮玲玉、张织云等人不同，胡蝶有个幸福、平静的童年。胡蝶原名胡瑞华，乳名宝娟，出生在上海的弄堂里。上

海的弄堂，喧嚣、吵嚷、拥挤，又是切切实实的人间。即便后来走南闯北过完童年，胡蝶还是有大城市小弄堂女孩的亲和力。胡家是广东鹤山人，是中原移民的后裔，在鹤山定居了几百年。但到了胡蝶的父亲胡少贡这一代，胡家忽然有了个说不清是好还是坏的机会——胡少贡的姐姐，也就是胡蝶的姑母，嫁给了段祺瑞政府总理唐绍仪的弟弟。胡蝶的姑母住在上海，胡少贡也跟着沾到了好处，举家北上，来到了上海。而后，他在京奉铁路谋了一个总稽查的职务，一家人则跟着辗转北上，住过不少地方，渐渐开阔了胡蝶的眼界。

与许多打出家庭的早期女演员相比，胡蝶的家庭和早年生活，完全是圆融和煦的，推开窗户就能见到日光，家庭是她的避风港，也是她情感和成长的乐园，家庭和父母，对她来说，绝不是"反封建"的革命对象，而是携手共同成长的领路人。胡蝶的家庭是标准的小富之家，谈不上万事不求人，但终究也算饱暖，中产家庭的出身，赋予胡蝶一种平易谦和的性格。

胡蝶酒窝动人

胡蝶的父亲胡少贡，为人宽厚，性格开朗，爱开玩笑，有幽默感。再大的事在他那里都能大事化小，小事化了。父亲的这种性格影响了胡蝶。从某些层面看，胡蝶的性格里是有些男性化的因素的。她少了几分小女子的扭捏，而多了几分男子的干练和决断。而她的母亲虽然读书不多，却也教会胡蝶"尽责"二字的重要性，她让胡蝶凡事退一步，不要抢先。

在与人交往的过程中，胡蝶始终能抓住那个微妙的距离，不远不近，不卑不亢，点头微笑，认真聆听。她尊重别人，更尊重上级，但内心深处，她总还是有自己的主意和判断。胡蝶是一个非常东方化的女人，这里说的"东方化"，并不单单指她的长相，而更是性格做派，据说胡蝶幼时不肯吃饭，胡少贡就买来绘有历史人物故事的瓷盘瓷碗，一边哄胡蝶吃饭，一边给她讲故事。传统的那点人情世故，忠孝节义，打小起胡蝶便熟知于心，直接影响了她世界观的形成。胡蝶是知黑知白，知进知退，走得了羊肠小路，辨得清大是大非。她对人宽厚，对己严格，所以在众多的女明星里格外经得起时代大潮的考验。每到几乎不能支撑的关头，胡蝶总是退一步，口问心，心问口，又能坚强地生活下去了。

胡瑞华有主见。她总是知道自己要什么，也知道自己该做什么。16岁时，她看到王汉伦演的《孤儿救祖记》，有心闯荡影海，便毅然梳了S头，打扮成少妇模样，去投考上海中华电影学校，并且给自己起定了"胡蝶"这个艺名。中华电影学校还只能算是个短期的培训班。不过，这个培训班显然是胡蝶进入影海的踏板。从电影学校毕业，胡蝶就凭借老师陈寿荫的关系，在大中华影片公司的第二

梳刘海的胡蝶

部大片《战功》里，参演了一个小角色。那时候，她还只是给悲剧女王张织云配戏，且没有经验，常闹出笑话。最典型一例是，张织云在片中戴眼镜的，但怕拍摄时镜头反光，所以眼镜只有镜框，没有镜片。电影中有一出戏，是胡蝶帮张织云擦眼泪，胡蝶想也不想，拿起手绢直接就从镜框里擦过去了。结果，导演大喊NG。

　　不过，胡蝶的进步到底不慢，小试牛刀之后，胡蝶便在同学徐琴芳的介绍下，在友联公司的时装悲剧《秋扇怨》中演到女主角。1926 年，胡蝶接受邵醉翁的邀请，开始在天一影片公司做基本演员，仅当年，就一口气拍了 7 部电影，且部部是主角，成为天一当仁不让的一姐。1927 年，她再接再厉，又主演了 8 部片子。如此大规模的出镜，虽然因为片子质量所限，没能够大红大紫，但她到底凭借高产量和高曝光率，在影坛小圈子内和观众那里，混了个眼熟。

　　天一公司追求影片产量，质量自然就不能保证，很多演员对天一公司深恶痛绝，认为不到迫不得已，都不会去天一。可胡蝶却说，"（天一）他的多产以及对电影市场的竞争，使公司须得扩展，须得罗致更多的人才，给电影从业人员以更多的磨炼演技以及各方面技能的机会，这一点功劳似不应抹杀。出身天一的，除我之外，尚有蔡楚生、沈西苓、许幸之、史东山、苏怡、高占非、孙敏等人。固然他们的成名是离开天一之后，但天一却曾提供给他们工作磨炼的场所。"这就是胡蝶看问题的方式，她总是看到问题的两面。天一的大剂量训练，的确给胡蝶良好的锻炼，为她以后的演技大爆发打下了基础。

　　1927 年，天一公司改组，胡蝶得以离开天一。1928 年，胡蝶与林雪怀大婚，明星公司三大巨头张石川、郑正秋、周剑云一齐现身，给足面子，热捧场子，第二天，胡蝶从天一跳入明星，华丽转身，开启自己事业的又一扇大门。从大中华到友联，到天一，再到大名

胡蝶拈花微笑

鼎鼎的明星影片公司，胡蝶影坛之路，走得顺风顺水，稳稳当当。胡蝶在不红的时候，没有因为角色不好，或者因为辛苦闹脾气。她的目的很明确，她就是来拍片子的，因此，她尊重导演，认真演戏，无怨无悔，而一旦有机会往上走，也不放过机会。刚进影坛时，胡蝶只是一只不起眼的小虫，认真地打着自己的茧，苦磨苦练，她在等待时机成熟，然后，毅然决然，破茧成蝶。明星公司之于胡蝶，是一个耀眼的造星工厂，它为胡蝶提供了一个高飞的平台，18 集连拍的《火烧红莲寺》，有声片《歌女红牡丹》，乃至于后来的左翼电影，胡蝶总是能够在明星的力捧下，立于时代潮头不败之地。而胡蝶享有盛名之后，也几次凭借自己的超高人气和精湛演技，挽救濒临倒闭的明星公司。最经典的例子就是胡蝶一人分饰两角，出演《姊妹花》，连映 60 天，创造了票房神话。而明星公司也乐得在幕前幕后，塑造胡蝶优质的偶像形象，融合传统与现代，在市民观众的可接受范围内，将其捧成一代巨星。

胡蝶在明星公司做了这么久，影坛起起落落，明星也换了一茬又一茬的演员，唯独她稳坐一姐宝座，这固然与她的演技和名气有关，但也少不了胡蝶平日里的点滴修行。胡蝶刚进明星公司的时候，阮玲玉也在，她们合作拍摄了《白云塔》，这也是她们一生中唯一的一次合作。阮玲玉性格太硬，得罪了张石川，结果被公司雪藏，最糟糕的时候半年都没进过一次摄影棚。而胡蝶则不，她显然更会做人，她是电影圈的宝钗，在大小人际关系上都很留意，愿意拜"众人为师"，愿意和同人们合作。张石川是个暴脾气，动辄大骂，演员们都怕他，但他唯独没骂过胡蝶，其中奥妙，只能归结于胡蝶的听话和善解人意。

胡蝶的大气，往往不在于她有多少能耐，面对事情有多大的手腕，而在于她的冷静与淡然。很多在别人看来天大的事，放到胡蝶这里，全都"百炼钢化作绕指柔"，统统消解。胡蝶不比阮玲玉幸运，她的第一段婚姻同样糟糕，恋爱时一个样，结婚后又一个样。认识广东同乡林雪怀的时候，胡蝶是初出茅庐的小演员，他们在友联公司演《秋扇怨》，一个演女主角，一个演男主角。胡蝶初入影坛没有经验，戏假情真，与林雪怀郎才女貌，很快结下恋情。林雪怀在影坛并没有坚持下来，胡蝶日渐走红的时候，他投身商海，做得不很成功，最后还是胡蝶安排他到自己公司就职，靠胡蝶给钱度日。作为男人，林雪怀心里承受不了女高男低的处境，两人的分裂，误会上叠着地位的不匹配，几乎成为定局。从1927年春天订婚，到1930年底胡蝶聘请律师解除两人婚约，林雪怀和胡蝶走过了三年多失衡的婚姻。胡蝶渐成巨星，林雪怀却还是个小角色，即使胡蝶愿意俯就，林雪怀也无法收起他那男人的面子和自尊心。

1931年，胡蝶和林雪怀的一场官司打得全城皆知，从法庭到小报，口水满天飞。胡蝶的压力，不比后来的阮玲玉小多少，而她却继续努力工作，一点不敢松懈。胡蝶知道，她的荣耀是电影带给她的，她若失败，也不应该是因为婚姻的失败而失败，而大抵是因为在事业上的疏忽。所以，越是在困难的时候，胡蝶越是在事业上认真。1931年秋天，张石川带着御用女主角胡蝶和摄制组，从上海北上北平取外景，拍摄《自由之花》《啼笑姻缘》《落霞孤鹜》三部片子。胡蝶演得好，也重游了北平，见了张恨水、梅兰芳，收获颇丰。可等到摄制组两月后回到上海，不但遭遇了《啼笑姻缘》双包案的尴尬情形，还无端端传出一个爆炸性新闻："九一八"之夜，东北军头张学良与红粉佳人胡蝶欢歌共舞于北平六国饭店。

胡蝶傻眼了，她想不到日本特务竟然想出这么个法子抹黑自己。这个谣言牵涉民族国家，牵涉整个东北的沦陷，其分量之重，能把人活活压死，可谓软刀子杀人。胡蝶背不起这个红颜祸水的误国恶名，尽管她相信清者自清，浊者自浊，但在那之前，义愤的国人还是被煽动了情绪，一时间舆论为之哗然。广西大学校长马君武耐不住，在上海《时事新报》上刊登打油诗两首，开头便是，"赵四风流朱五狂，翩翩蝴蝶最当行，温柔乡是英雄冢，哪管东师入沈阳"。此诗一刊出，舆论甚嚣尘上，胡蝶和明星公司不再沉默，发表严正声明。但这个谣言，却始终伴随着胡蝶，半个世纪挥之不去。

晚年胡蝶写回忆录，提及此事，还特别说明："我和张学良不仅那时素未谋面，以后也从未见过面，真可谓素昧平生。"据说张学良也曾于 1933 年跟朋友说：胡蝶究竟是怎样的人物，连她在银幕上的影子我也没见过。跳舞一事，基本算是冤案无疑。面对如此巨大的压力，要换成阮玲玉，恐怕早已经不能承受，但胡蝶却依旧退一步行事，硬生生挺过来了。胡蝶说，跳舞风波，是"我生命史上最感到悲愤的一页"。风雨如晦，胡蝶暗自端然，只等那雨过天晴的一日。她知道，时间是最好的解药。她需要蛰伏，等待——等待命运之神慢慢转变，等待机会到来。胡蝶有自己的一套乐观哲学："人生也似舞台，悲剧也总有结束的时候，我自己在苦的时候常对我自己说，快了快了，演完苦的就会有快乐的来了。"果不其然，离婚案件和

胡蝶、潘有声结婚照

跳舞风波过后，胡蝶遇到潘有声，收获了又一段爱情，1933 年她又在《明星日报》选电影皇后的评比中摘夺后冠，风头无两。大小媒体还是用各种各样的方式写胡蝶。但胡蝶已经释然。身为名人，特别是电影界的名人，她知道，对于新闻报道，抗拒是没有用的，她能做的，是接受，然后借力用力，平步青云。1935 年，胡蝶从国外访问回来，与潘有声走入婚姻殿堂。11 月 23 日，两人在百乐门举办婚礼。婚房在法租界爱威斯路 495 弄 9 号，是一幢黄色的小洋楼。胡蝶迎来了人生的暖春。

胡蝶的沉稳与干练，不仅在 1931 年得到展现，日后的人生舞台，大风大浪，她更是在悬崖舞蹈，每每化险为夷。胡蝶处世谦和，但有力，该模糊的模糊，不该含糊的，绝不含糊。抗战时期，胡蝶曾移居香港九龙塘，很少出街。日军"报道部"艺能班班长和久田幸助找到胡蝶，送"良民证"，送"食品配给卡"，还约胡蝶参加日军饭局。胡蝶一忍再忍。终于有一天，她决定破釜沉舟，化妆成贫家女，和潘有声一起，在游击队员的护送下，逃到了广东韶关。五天之后，著名影星胡蝶北上的消息传遍了世界，蒋介石高兴地派出飞机，把胡蝶一家接到重庆，认为这是激动人心的新闻。胡蝶的果敢，让她绝处逢生。她与人为善，同时，牢牢掌控自己的人生方向，虽然苦痛几许，但却自在。胡蝶刚入电影圈的时候，给自己取艺名，最初想到的是"胡琴"，但转而又觉被人拉来拉去到底不好，遂改名为"胡蝶"，与"蝴蝶"同音不同字，但其中寓意，也似"蝴蝶"，自由自在，飞来飞去。

胡蝶的人生，成就在一个忍字上。拍戏的时候，她忍；离婚的时候，她忍；遭到谣言袭击时，她依旧忍；从香港逃到重庆，丢了 30 箱的金银细软，胡蝶还是选择忍。她那 30 只丢失的箱子，像潘多拉的魔盒，开启了她与特务头子戴笠的孽缘。胡蝶找到戴笠，问

胡蝶坐在汽车前

他能不能帮忙找到那些箱子, 事关重大, 那是她从艺多年存下来的戏服和细软。戴笠笑笑, 表示没问题。他让胡蝶开了一张丢失物品的清单, 动用手下在上海遍寻, 找不到就买, 然后一起拿给胡蝶, 这算完璧归赵。胡蝶深感戴笠之 "恩", 但也觉察到了危险。很快, 她的丈夫潘有声被抓, 理由是私藏军火。这显然是戴笠的又一个把戏, 胡蝶只好被 "请君入瓮", 再次去请戴笠帮忙。潘有声出狱了, 但他不能和胡蝶相守, 他被戴笠一纸调令打发到云南去了。1933 年, 胡蝶演过一部片子叫《脂粉市场》, 是说一个女员工翠芬, 反抗自己老板的潜规则, 那是戏如人生。如今人生如戏, 胡蝶却要反抗特务头子戴笠。怎么反抗? 自杀么? 她还有家人要保护。胡蝶想一想, 还是选择 "顺其自然"。

戴笠把胡蝶软禁在重庆, 据说有好几处秘密地点。一向追求自由自在的胡蝶, 终于逃不过权力的牢笼。戴笠一直迷恋胡蝶, 还没得到权势之前, 他就是胡蝶的影迷。如今, 他已从一个普通青年奋斗成为一个权倾一时的人物, 夺得心中女神相伴, 自然各种伺候, 不愿怠慢。胡蝶要吃热带水果, 戴笠立刻派飞机从印度空运; 胡蝶说拖鞋不好穿, 戴笠一个电话就让人弄来各式鞋子; 胡蝶嫌房子采光不好, 戴笠立马让人在神仙洞建一所新宅。然而, 囚禁的生活并不快乐, 三年, 胡蝶又是个忍。抗战结束后, 戴笠把胡蝶带回上海, 想要跟她做长久的夫妻。戴笠找来杜月笙, 拜托他去找潘有声, 签个离婚协议。杜月笙照做了。但没想到, 1946 年春天, 戴笠因飞机失事葬身于南京西郊的戴山。胡蝶用忍耐等到了机会，1946 年的春天，她重获自由。她心中的感受，或许是又惊又喜又茫然。就像做了一场繁华的噩梦，破晓时分，大梦初醒，胡蝶惊出一身冷汗。自由，是她一直想要的；家庭，是她一直要保护的，但戴笠毕竟对她也不算坏，他只是霸道、不讲理。他的爱，她不能接受，但他的结局，也未免太出人意料。

胡蝶回到了上海，回归了家庭，但影坛，却早已经不是她的影坛。她无法面对小报的流言，无法面对左翼的朋友，无法面对滔滔的人言。胡蝶再一次选择忍。她和丈夫带着一双儿女再次避难香港，用时间冲淡一切。对与戴笠同居的事，胡蝶自知说不清，便索性不说，任由世人口水纷扰，她独自保留真实版本。直到晚年写回忆录，提及这段，胡蝶依旧说："关于这一段生活，也有很多传言，而且以讹传讹。现在我已年近八十，心如止水，以我的年龄也算高寿了，但仍感到人的一生其实是很短暂的。对于个人生活琐事，虽有讹传，也不必过于计较，要紧的是在民族大义的问题上不要含糊就可以了。"她和戴笠的故事是一锅粥，混沌难解，扑朔迷离，戴笠一死，只有女主人公自己知道其中配料，历史的解释权尽在己手。胡蝶完全有资本旧账重翻，对戴笠一番控诉。但她没有。这正是胡蝶的聪明之处。她知道，缄默是对自己最好的保护。往事如烟，让过去的过去，让到来的到来。胡蝶总是向前看，至于纷扰的过去，不可控制，任其自然。

胡蝶和潘有声的婚姻，简单、、甜蜜、波折，有始有终。在离婚案和跳舞事件爆发之时，她遇到了潘有声。胡蝶的头脑是清醒的。她没找光鲜亮丽的同样，没找位高权重的达官贵人，而是从感情出发，找了平实可靠身材健壮的商人。她没有被自己的明星光环迷惑，她知道自己的不平凡，但她也深知自己的平凡。走出家庭，她是万人追捧的电影明星；走进家庭，她只是一个普通又普通的妻子，柴米油盐，细细碎碎，生儿育女，执子之手，与子偕老。胡蝶从一个温暖的家庭走出来，理所当然有着很强的家庭观念。她做影星赚钱后，一家老小，也曾都靠她一人养活。在婚姻中，胡蝶对于男人，不是靠，而是帮。她不是依人的小鸟，攀援的藤蔓，她更独立，男人给她牢笼，她立刻反击，男人对她温柔，她细心考验，然后立下承诺，不离不弃。阮玲玉一生碰到三个男人，一个是不懂得什么是感情的小开，一个是玩弄感情的老手，一个是不敢面对感情的怯弱者，她的感情，从来没能找到对接的出口。相比之下，胡蝶则清醒得多。她知道，她需要找一个"木"一点的人。潘有声出现得正是时候。

抗战爆发前，潘有声是上海德兴洋行的总经理，做过茶叶生意，抗战结束后，潘胡移居香港，胡蝶对丈夫的生意也多有帮扶。这其间，两人婚姻之中，戴笠半路杀出来，赶走潘有声，幽禁胡蝶，三年之久。但胡蝶夫妇，还是靠一个"熬"字，苦尽甘来。胡蝶与潘有声的婚姻，因为波折而格外不行，时代巨变，风雨琳琅，个人的

美丽的胡蝶

能力是那么微小，一不小心，就要颠仆在人海，但他们的婚姻，却因为坚持而幸福。这种幸福，绝对不是生就来的，老天爷白赐予的，而纯粹是靠自己的修炼，九九八十一难一道一道克服难关得来的。1952年，潘有声在香港去世，胡蝶悲痛欲绝，但她依然好好生活，并于1959年重返大银幕，主演《街童》和《两代女性》。1960年，她主演

的《后门》获亚洲影展最佳影片奖。而后，胡蝶再度退出影坛，在台北过了十年平静日子。儿女成家，子孙满堂，胡蝶忙于义卖会、国剧演出、影剧协会事务，她总能找到事做，不耽误任何人，活出自己的人生。

胡蝶演了很多片子，但现在一下就让人们记起的着实不多。许多人张口就能说得出阮玲玉的《神女》、周璇的《马路天使》，却猛然间说不出胡蝶演了什么片。胡蝶演电影只那十年，而后几十年，才是她人生真正的大戏。逃难、幽禁、经商、复出，胡蝶从大江到大海，顺流而下，遇到困难，她就那么口问心，心问口，仿佛熨斗，来回几下便捋顺了烦扰的心事。胡蝶是大女人，有能力，有担当，有运气，有胸怀，她的历史，她自己书写，外界口水无数，但她却牢牢把握最终解释权。胡蝶一生谜团无数，但她大多缄口不言，让历史回归历史，安安稳稳。据说，胡蝶在大陆还有个私生女儿胡友松。1966 年，27 岁的胡友松，嫁给了 76 岁、回大陆探访的李宗仁，写就另一段传奇。如有真有这段母女缘分，远在海峡另一端的胡蝶听闻此事，想必也是感慨良多。

晚年的胡蝶移居温哥华，坐享天伦。她洗尽铅华，叫回胡宝娟，立志过一种简简单单的生活，做一个普普通通的人。温哥华城像一个摊开的右手，静静地伸向太平洋，胡蝶住在高高的大厦上，远眺着东方，大洋的彼岸，就是上海，她眷念，但也知足。不过，即便在"隐居"的日子里，也还有人认得出胡蝶。某日她出街乘车，一位老太太故意在她身边落座，是熟悉的中国人的脸庞，是谁，又想不起。那老太太笑说："你不会认识我的，我是当年仰慕你的影迷。我从你的眼神里认出了你，跟你上了车。其实我回家是该坐相反的路线的。"曾经沧海，而今云淡风轻，最繁华时有人知晓理所当然，未必认真去珍惜，而繁华落尽后，仍有记得，实得感恩。胡蝶的晚年，博大、自得，阔朗得仿佛温哥华的海——平静的表面，谁又知海面以下的汹涌？ 1989年，胡蝶在散步时跌倒，引发中风，并发心脏病，在温哥华去世。据说，她临终前最后一句话是：蝴蝶要飞走了。在民国众多女演员中，像蝴蝶这样善始善终的到底不多，她用薄薄的翅膀，卓越的努力，跃过了一个个险峻的山头，飞过了沧海，飞出了一段华丽又凄迷的传奇。

双赢 · 娶一个女明星【@ 天一影片公司】

20世纪20年代的中国电影圈，能跟明星影片公司抗衡的，大概只有天一影片公司了。邵氏兄弟创办电影公司的时候，野心很大，要做就做最好，就要做天下第一，所以取名为"天一"。"明星"是端正的，豪气的，主流的，从《孤儿救祖记》开始，他们就是沪上电影界的龙头老大，一呼百应。他们有最牛的导演张石石川，最棒的编剧郑正秋，还一手捧出四大名旦，风华绝代上海滩，影片上映，每每轰动。明星是上海电影届的主流，以一种端正之姿，号令群雄。天一不一样。天一野心虽大，但它不和明星硬碰硬，他们懂得分流观众，追求数量，而非质量，他们绕开主流，避其锋芒，另辟蹊径，有点农村包围城市的意思。他们做的电影，是地地道道的中国传统乡土货，和明星的大片比，天一的制作很有些"野火烧不尽，春风吹又生"的意思。

明星拍通俗言情片，天一就拍古装历史片。天一没有郑正秋这样的王牌编剧，便大胆地从中国传统故事里挖掘题材，硬是闯出了自己的一条路。天一公司的旨归落在一个"旧"字上，旧伦理，旧道德，发扬中华文明。天一公司是打不死的小强，天一三巨头之一的周剑云，曾经联合其他五家电影公司，在发行上对天一进行"六合围剿"，可天一却南下香港、南洋，走乡窜镇，硬是开拓了自己的发行网。海外华侨喜欢天一出品的中国味浓的片子，那里面包含着一种乡情。南洋的发行网络，在抗战开始后，救了天一一命。当其他电影公司因战争或毁或迁，终至破败的时候，天一却能凭借南洋的市场，一脉相承。邵逸夫的影视帝国，就是在天一的基础上传承下来的。

邵醉翁

"天一"公司是个标准的家族企业。大哥邵醉翁在商场上是个铁腕人物。其父邵玉轩在上海开颜料行，名气很大，且同情孙中山的革命，去世时，康有为、虞洽卿及曾任苏浙总督的卢永祥、民国元老谭延闿等都为他题词，给足面子。邵醉翁作为长子，理所当然地接过父亲的摊子，一心从商，在做娱乐业之前，他做过颜料、北货、绸布、纸张、钱庄，还开过银行，都小有成果，但都不是他的兴趣所在。后来，上海笑舞台的老板因欠邵玉轩的债，便把笑舞台抵押给了邵家。邵醉翁理所当然接手，张石川做前台经理，郑正秋做后台经理，一起经营文明戏生意。1922年，张石川和郑正秋创办明星公司，拍新片，在上海滩大红大紫。邵醉翁深受刺激，他大概不愿相信昔日在自己手下做事的两个人，居然一夜反超，叱咤风云。

邵醉翁之所以"不怕"明星公司，也多少与其早年的经历有关。他和张石川、郑正秋，可以说是一同打拼过娱乐界的朋友，但现在，张郑双双跳槽，立起炉灶，邵醉翁一赌气，拉来自家兄弟，决定大干一场。邵醉翁给弟兄们都改了名字，隐去代表辈分的"仁"字，而从陶渊明的田园诗中找灵感，分别取名为醉翁、邨人、山客、逸夫，很有些田园暖色，也多了些武林高手的意味。

"天一"公司的运作模式和"艺术追求"，让许多演员十分诟病。有人甚至说，不到万不得已，不会加入天一。天一的运作风格便是今日香港TVB的源头，简朴、高效，市场优先，不冒险，对员工不无压榨。导演李萍倩说："我出了大中华又为什么重入天一？

天一影片公司大门

这也许是面包问题吧！可是重入天一的我，却改变了不少，不像以前那样勇敢了。换一句说，就是为吃饭而艺术。"天一曾经绝对的台柱，一年拍十几部片子的胡蝶，则中肯地说，天一虽然残酷，却是磨炼演技的好地方，许多人是从天一出来的，蔡楚生、沈西苓、许幸之、史东山……他们成名都在离开天一之后，在天一的日子是一个艰苦的量变积累，无自我的，筋疲力尽的，慢缝慢补，终于破茧成蝶。

从天一崛起的女明星不多，即便有一两部卖座的，也是铁打的营盘流水的兵，女演员常常在天一待不住。谈艺术在天一是奢侈。天一的艺术，如果有的话，也是在商业娱乐基础上艺术，是仓促的，灵光一现的，偶一为之的。加之天一拍类型片，片中角色比较类型化，演技上要求不高，所以在培养女星方面，也似乎缺少那么点动力和竞争力。胡蝶在友联拍完《秋扇怨》，转入天一成为一姐，一年8部电影，7部都是她主演，紧赶慢赶，风风火火，但人还是半紫不红。转入明星公司后，张石川为她量身定做《火烧红莲寺》，一把武侠风烧得满城风靡。邵醉翁不是没有发现明星的眼光，在上海新舞台，戏曲新秀袁美云，就是被邵醉翁发现后硬拉近天一拍片子的。可袁美云真正的代表作，却是在艺华，在中联，在华影。

天一有一种强大的同化的力量，无论多么个性的演员，放入天一的框子里，都变成一个味儿，武侠的，古旧的，忠孝节义的，天一是个加工厂。很难想象，在天一演《小女伶》的袁美云，到了艺华，居然演出了《化身姑娘》这样前卫的片子。时尚在变，风格永存，天一的武侠片风格，一直延续到香港邵氏影业时期，女演员想要在天一红成个性明星，很难。但这并不是说，天一不捧女明星。电影行业是个造星的行业，而女明星，又往往是一个公司的"面子工程"。1933年的电影皇后评选，其实不过是电影公司实力的比拼。胡蝶、陈玉梅和阮玲玉只是打前阵的先锋，她们背后站着的，则是明星、天一和联华三大公司。只不过，天一公司捧人，要比其他两家公司更加特别。天一始终强调一个"忠"字。忠不忠心，是天一的老板最看重的。这种捧人的方略，或多或少影响到如今的香港电视圈，TVB捧视帝视后，也往往最看重忠心，女演员的个人能力、魅力反倒在其次。

当年天一公司成立，拍的第一部片子《立地成佛》，主演是吴素馨。而后，吴素馨主演《白蛇传》《梁祝痛史》等影片，成为20世纪20年代知名的"打女"。胡蝶加入天一后，两人均为天一台柱。因此，完全可以说吴素馨是天一公司元老级的女演员。胡蝶被明星挖走之后，吴素馨顺势上位，成为受重用的一姐，应该是顺理成章的事。可是令人想不到的是，1928年胡蝶离开天一后，吴素馨却很少在天一公司参演，即使偶尔出现，也是B咖，演不到重要角色。最终她只好出走。相反，后起之秀陈玉梅，却出乎意料地受到力捧。力捧一人，在天一的历史上，是非常少见的。而陈玉梅，也终于在1934年，继胡蝶之后，成为电影皇后。她也终身留在了天一。其明星姿态与生存之道，折射出的女演员同电影公司的微妙关系，颇值得玩味。

与转会的胡蝶和打女吴素馨不同。陈玉梅几乎是天一公司的"发小"——她个人的成长史，与天一的成长史，几乎是同步的，他们同生同长，同气连枝，同进同退，知根知底得好像自家人。天一是一片绿海，陈玉梅就是绿海中孕育出来的花。一个"乖"字，让陈玉梅在天一找到了自己的位置。陈玉梅15岁进邵氏笑舞台训练班。1926年，她开始在《唐伯虎点秋香》里演秋香，初现影坛。1927年，陈玉梅在邵氏的安排下，出演《铁扇公主》《大侠白毛腿》《夜光珠》等电影中出演配角，给胡蝶和吴素馨搭戏。到了1927年，天一与南洋的青年影片公司分解，邵醉翁调整公司结构，合同效力不再，张石川趁机挖走胡蝶，天一面临着捧谁做一姐的问题。就听话程度来说，稳重忠心的陈玉梅似乎更符合邵老板的心意。天一是家族企业，自然也有家族企业的弊病，那就是：除了自家人，对谁都不是十分信任。胡蝶的出走，已经让邵醉翁感觉到了人才流失的惊悚。他不能再犯第二次错误。

在利益驱使的娱乐圈，女星们为了酬劳出走在所难免，早起王

优雅的陈玉梅

汉伦、杨耐梅、张织云，后起的胡蝶、阮玲玉，谁不曾为钱跟公司起过不愉快。捧女星的尴尬在于，不捧，在观众群里没有号召力；捧了，万一红了，免不了会有"客大欺店"的困扰。又想马儿跑，又想马儿不吃草，邵氏为了两全其美，再出奇招，想出了一个张石川想不出也做不到的办法：邵醉翁迎娶陈玉梅做二太太。两家变成一家，陈玉梅升格为邵氏的老板娘，自然只能为邵氏拍片，不会转投别家，而且，陈玉梅成了老板娘之后，酬劳问题也迎刃而解，总之都是落在自家钱袋。两全其美，何乐而不为。

事实证明，邵醉翁的眼光是不错的。名气和容貌，固然是邵老大娶陈玉梅的重要原因，但陈玉梅温婉大气的性格，也是她入主邵氏的要素。阮玲玉是刀光剑影，胡蝶是太极推手，陈玉梅则是扎实的马步。陈玉梅最主要的特点就是稳。陈玉梅的童年简单平静，她不需要从婚姻里攫取太多的爱，来补偿早年的不如意。婚姻对她来说，是个堡垒，有点互助合作组的意思，她不会因为一点小事，就跟丈夫闹个没休。她是能忍辱负重，过长久日子的女人。对于感情生活，她更可能是睁一只眼，闭一只眼。娱乐圈雨大风急，她知道自己该做什么，不该做什么，该知道什么，不该知道什么。

陈玉梅总能扮演好自己的角色。她够稳。她演电影稳，做人稳，做太太也很稳。1928年到1934年是陈玉梅电影生涯的黄金期，短短五六年，拍足30余部，演技得到很好的磨炼。1934年，上海《影戏生活》报社举办电影皇后选举，邵醉翁远程操控"买榜"，

温柔敦厚的陈玉梅

仅仅一天，陈玉梅的选票就狂增两万多张，最终，陈玉梅以30322张选票当选电影皇后，成为继张织云、胡蝶之后的"电影皇后"第三人。风光过后，陈玉梅急流勇退，淡出影坛，专心家庭。在为人处世上，陈玉梅也很懂进退。在天一拍片的早期，陈玉梅很少因为片酬而与公司发生摩擦。成为邵醉翁的二太太后，陈玉梅待人就更加大气、持重。她经常邀请其他不同公司的女星来家里做客，合影留念。陈玉梅像一身低调又华丽的旗袍，靠一种静气压住场面。相比阮玲玉和胡蝶在私人生活上的"绯闻"和"丑闻"，陈玉梅是健康的、平淡的、积极向上的，陈玉梅的情感史很简单，说得出来的也仅有邵醉翁一人。

而天一的老板邵醉翁，在宣传陈玉梅上，也是很有策略的。相比于联华的阮玲玉、明星的胡蝶，天一的陈玉梅搏版面没那么厉害，但她却在天一的运作下，细水长流，凡出现在媒体，大多是正面形象，一点一滴累积起观众对于她的认知。这种造星模式，直至今日仍为不少影视公司使用。不积跬步，无以成千里；不积小流，无以成江海。电影公司不厌其烦，终于在人们的头脑中建立起健康女星的"刻板印象"。邵醉翁自办公司，开拍古装片，能省就省。陈玉梅拍戏，邵醉翁舍不得次次做新戏服，陈玉梅只好着旧衣上阵。再加上她在电影里唱过《节俭歌》，所以得了个"俭约明星"的绰号。天一公司因势利导，跟着就宣传陈玉梅的淳朴形象，时常安排她参加政府举办的公益活动，比如推广布衣运动、发起航空救国。陈玉梅的口碑越来越好，在许多人心里，她有责任感、热心公益，形象积极健康，与同时期许多绯闻缠身，私生活混乱的女明星比，她更具有榜样价值。

陈玉梅隐退的时间也颇耐人寻味。1934年，正是天一公司战略调整的转折点，邵氏兄弟决定把重心南移，离开上海这个是非之地。

雍容华贵的陈玉梅

陈玉梅的进与退，可以说是与天一的进退同步的，到了 1934 年，南移的天一，似乎也已经不需要一个"电影皇后"在上海滩为他们撑脸面，相反，南下发展事业，一个能够稳住家庭大后方的贤妻良母，则比一个整日出风头的女明星更重要。于是，陈玉梅旋起旋落，凭借家族公司的力挺，在电影界如日中天，又因为家族事业的调整，而隐居家庭，安安分分做一个"背后的女人"。

与众多苦痛、纠结、甚至不得善终的女明星比，陈玉梅栖身影坛的姿态显然不是抵抗。王汉伦的独立，杨耐梅的放荡，张织云的迷惑，阮玲玉的刚烈，甚至胡蝶的坚持自我，都让她们在男人的江湖的颠沛流离。在 20 世纪二三十年代极负盛名的电影花旦里，也只有陈玉梅，凭借一种温文尔雅的顺从姿态，在男人们拼杀的空隙中，坐收渔利，找到了自己的一席之地。只可惜，陈玉梅的电影生涯太短了，她在电影上的投入，似乎并不是为了在艺术上有所追求，一个好的归宿，一种简单的、正常的人生活，似乎才是她最想要的。

所以，在 1934 年之后，陈玉梅的隐退，是如此彻底，人们几乎感觉不到她的挣扎。炭精灯下的生活，或许她早已经过够了，如今，华丽转身，主政邵氏的后花园，陈玉梅心满意足。或许，这里才是一片更富有刺激性的江湖。抵港之后，陈玉梅除了在邵氏电影《水晶心》《丹凤朝阳》中担任配音外，极少露面。整个邵氏家族需要她参与其中，她的忙碌是隐形的，不为外人知的，她已经是完完全全的邵家人。20 世纪 70 年代，香港有报纸刊登出一张邵醉翁和陈玉梅的合影。他们合作了一辈子，白头偕老，纵然爱情稀薄，也有亲情浓郁。秀恩爱吗？不必。但刊登合照，也似一种宣言，意思是说，看，我们还在一起，小得意溢于言表。婚姻，应该有爱，但更多的是忍耐，所有幸福的背后，都有咬牙坚持的成分。陈玉梅成功了，世俗意义上，她是许多女明星的人生典范：成名——嫁给成功人士——做太太、相夫教子……总觉得陈玉梅像海，平静的表面下，隐藏着许多委屈和犯难，只是，她挺过来了，微笑着，笑傲江湖。

洗尘 · 文艺范儿的失败与伟大【@联华影片公司】

1

20世纪20年代，中国的电影界，是双雄并峙，从笑舞台出来的张石川、郑正秋和邵氏兄弟，分别创立了明星影片公司和天一影片公司，各领风骚三五年。明星公司资格老，靠拍通俗言情片起家，天一则另辟蹊径，伸手接过旧伦理、旧道德，热热闹闹走着武侠神怪历史这一条民间文学的路子。明星和天一的竞争，绝对是以市场为导向的。一家公司引动了一种潮流，另一家公司铁定跟上，至于其他小公司，更是有样学样，媚俗地跟风，很快就能把起始的那一点难得的创新淹没掉。

明星是靠拍《孤儿救祖记》这样的家庭伦理片起来的，可是天一的武侠片很快烧红了上海滩，天一台柱女星胡蝶和吴素馨，更是潜力很大的"打女"。明星有些眼热。于是，三大巨头同时上阵，出席胡蝶和林雪怀的婚姻，第二天，胡蝶便来明星公司上班。胡蝶在明星公司拍的《火烧红莲寺》，真正掀起了武侠电影的高潮，几年间一口气拍足18集，整个上海为之疯狂。其他公司见"火烧"片有利可图，立刻跟上，阮玲玉身在大中华百合，也迫不得已拍了几部跟风的"火烧"片。"怪力乱神"笼罩了整个上海滩。到了20世纪二三十年代之交，中国电影，真的需要一些新空气了。也正是在这个时候，罗明佑从北方徐徐南下。

一个公司的风格，往往与老板的个人风格息息相关。张石川和郑正秋是通俗的、市井的、有烟火气的，明星公司的片子也自然而然走通俗言情风格；邵氏兄弟是传统的，天一的风格便定位在历史古装片；现在，罗明佑来了，作为一个北京大学法学院的毕业生，他出来办公司，风格显然定位在清新两个字上。罗明佑出品的电影，显然不是为了迎合小市民的口味，也不是为了勾起海外华侨们的乡愁，他更新派，更有责任感，知识分子才是他的知音。联华的电影，像一泓清泉，在污烂的浊流里，一下便冲开了一条新路。

罗明佑是大手笔，他的联华公司，一出现就是山呼海啸的。看看联华公司那显赫的董事名单，就足以让其他大大小小的电影公司汗颜：国务总理熊希龄、张学良的夫人于凤至、中国银行总裁冯耿光、颜料大王吴性裁、京剧大师梅兰芳……联华的总裁，是曾经做过香港总督的英籍贵族何东爵士（如今澳门赌王的先祖）。有了这些人撑腰，联华公司不再是一个小打小闹的私人作坊，它登上影坛的姿态，是托拉斯，庞大而当仁不让，代表着一种"先进"的气候和文化，更现代，更摩登，也更贴近文化精英的心。联华从一出现，就在偌大的上海滩站住了脚，并且轻松改变了上海滩的电影格局，以前，是明星、天一双雄并峙，现在，变成三足鼎立了。

联华真是个现代化的企业。在香港，联华设有总管理处；上海的民新影

罗明佑

片公司，变为联华一厂；大中华百合影片公司，改组为联华二厂；香港的民新影片公司，改成联华三厂；上海闸北的天通庵，设联华四厂；联华五厂设在北平；上海徐家汇，设立联华六厂。联华公司完全是西式的，它既不同于明星合股公司，也不同于天一的家族企业，它从一开始就是一个庞大的机器，它的能量是任何集个人能力创办的小公司所不敢的，联华虽然是由罗明佑召集组建的，但它成立之后，远远超过了私人公司的局限，它是一个组织，创造一种合力，它像一个蒸汽火车头，拉着中国电影这辆车，轰轰向前。

联华有最新潮的编导班子，费穆、朱石麟、沈浮、孙瑜、卜万苍、史东山、蔡楚生等都是公司的得力干将。正是联华充满朝气的企业理念，像吸铁石一样，将最有抱负的一批年轻人吸纳到身边，犹如百鸟朝凤。最辉煌的时候，联华旗下星光熠熠，就女明星来说，除了一姐阮玲玉，还有黎民伟的爱妻林楚楚，明月歌舞社跳过来拍电影的王人美、黎莉莉，北平来的女星陈燕燕。与明星公司和天一公司捧出来的女星比，联华的女星更"新"，更有性格，演技上也更为突出。联华是一个性格女星的造星工厂。联华的电影不是纯粹的娱乐，而是有追求，有反思，紧紧抓住时代脉搏的。阮玲玉在明星公司不得志，跳到大中华百合，也不过是演演跟风的武侠剧，但到了联华公司，阮玲玉忽然发现了自己。

从《故都春梦》开始，阮玲玉在孙瑜的指点下才真正明白，

联华一厂在上海的厂房

原来张石川告诉她的那一套演技，完全不适合自己，她需要体会人物的爱恨歌哭，然后，合为一体，慢慢地把人物的情绪展现出来。无论是哭还是笑，对于颇有天赋的阮玲玉都不是问题，但只有到了联华，阮玲玉才真正被"点化"，哭也哭得哀伤，笑也笑得真纯，参透了表演三昧，成了一代巨星。而这一切，多亏了联华营造的一种电影氛围，一片时代气场。

2

罗明佑是经历过五四运动的，他有自己的文化理想。而他的家世背景强力支撑着他理想的实现。罗明佑的父亲罗文亮，当过广州商会的会长，还做过香港华东医院的总理，而他的叔叔们（如罗文干），则在国民政府各个机要部门任职。显赫的家世给了罗明佑足够的胆量。在北平读书期间，他便立下志愿，要开一家为中国人和学生开放的电影院，来抵制外国人对中国的文化侵略。在五四的熏陶下，罗明佑显然是民族主义的，有宏大气象，敢作敢当。他涉足电影的初衷，不仅仅是为了赚钱，他煊赫的家世也不着急靠一个还在读书的孩子来赚钱养家。也正因为此，罗明佑与电影的关系，与张石川和邵醉翁比，是更"纯洁"的，立足点更高，眼光也更远。罗明佑对待艺术，是供奉的、遵从的，艺术不是他赚取钱财的工具，而是他实现理想的有效途径。所以，罗明佑做出来的东西，总带着点北平清朗的学院气息，带着那么点批判和小小的理想主义。

1919年5月4日，北京爆发了震惊世界的五四运动。也就在这一年，19岁的罗明佑在叔叔罗文干的帮助下，租下了北京东安市场丹桂茶园旧址，改建成拥有700个座位的真光影戏院，开始了自己在影坛的奋斗。真光影戏院是企业，罗明佑自然就是商人，但罗明佑却是把电影作为一项文化事业来做的，他的"商人味"总是那么不足，为了让更多的人看到电影，他不惜降价。真光卖票，一部电影只收一角钱，而且还专门为学生办特价的早场。这种"真心为民"的姿态，很快就赢得了观众，真光放片，场场爆满。外国片商深恨罗明佑夺了他们的生意，但鉴于罗明佑有强大后台，又都无可奈何。真光开了半年后，东安市场失火，影院付之一炬，不过没多久，罗明佑便又在叔父罗文干和众多富豪的支持下，用了一年时间，重建"真光"。真光的名气更大了。

对于电影外商，罗明佑始终是抵抗的，他的民族感情，让他在办电影院的时候，一直注重文化宣传，什么片子可以放，什么片子不可以放，罗明佑心里有一杆秤。为了突破外商的垄断，1924 年至1925 年，罗明佑相继在北京的西城、天津建立了属于自己的院线系统，并建立了华北电影公司，到了 1929 年，罗明佑手中的电影院，已经有 20 余座，他实际上控制了中国北方五省的电影院线。取得阶段性的胜利后，30 岁的罗明佑又蠢蠢欲动了。他的影院可以播放电影，可他却对当时中国出产的电影很不满意，国片不敌外国进口片，中国金钱源源不断流入外商口袋，在罗明佑看来实在痛心疾首。1929 年，罗明佑等来了一个机会。20 世纪二十三年代之交，有声片兴起。1929 年，好莱坞开始向中国销售有声电影，无声电影的产量开始下降，可是，中国的电影院却来不及更新设备，观众的审美习惯一时间也还停留在无声片的阶段。进口的有声电影多了，无声电影少了，电影院面临无片可放的尴尬。罗明佑觉得，国产无声电影繁荣的机会到了。

3

1929 年，罗明佑从北平来到上海，找到民新影片公司的老板黎民伟，表示想做制片人，拍片子，自己发行。一开始，罗明佑是谨慎的，他还只是抱着试试看的态度，想拍一部片子"试水"。黎民伟愿意帮忙提供器材，而他的妻子林楚楚也可以在片中参演角色，吴性栽的大中华百合影片公司又正好有票房号召力比较强的女演员阮玲玉，几方面都合适。很快，罗明佑决定投拍以北平为背景的《故都春梦》，导演选了孙瑜，摄制组北上拍片，为了节省开支，就顺带拍了《野草闲花》，主演同样启用阮玲玉。从《故都春梦》起，联华的气质就已经隐约建立，对现实的反映上，联华的落脚点在"认真"；在对电影品质的追求上，联华的艺术旨归"清新脱俗"。中国的电影，自从进入上商业系统之后，直到联华这里，艺术才稍微摆正了身体，和商业平起平坐。而且，电影本身也用票房证明，只要做得好，艺术和商业，也并非是绝对冲突的。联华的开山之作《故都春梦》，仅在上海的北京大戏院、香港新世界大戏院、北平的真光和中央电影院的票房就达到 8500 元，势头非常看好。罗明佑果断收编了黎民伟的民新公司和吴性栽的大中华百合，再加上零零散散的小机构，以及各式各样来头巨大的股东，联华公司横空出世。

联华有三大导演：史东山、孙瑜、蔡楚生。

史东山最著名的片子是晚一些的《八千里路云和月》，是对战后伤痛的描摹。

孙瑜，重庆人，曾在天津读书，与周恩来是同学，后考入清华大学官费，赴美留学，在哥伦比亚大学等众多名校学习戏剧，是个标准的海归派。孙瑜被称电影诗人，他为人纯净，身上有种浓郁的知识分子的忧郁

联华公司三大导演：史东山、孙瑜、蔡楚声（左起）

联华女星王人美

联华女星黎莉莉

味道，他的电影淡雅清新，像一首抒情的诗。孙瑜长着一张长脸，眼睛大大的，安静、淡然。他是个伯乐，那双纯净的眼总能够看到别人看不到的素质，发现演员身上一些潜在的、诱人的特点。联华众多明星都是经过孙瑜的点拨，才焕发星光，步入坦途。阮玲玉在明星、大中华百合时，演反面角色，演武侠神怪电影，被人称为"长于妖媚泼辣之表演"，俗、媚，仿佛白骨精。后来，孙瑜拍《故都春梦》，巧妙地挖掘出了阮玲玉细腻一面，促使默片女王成功转型为清、秀、惹人怜爱；电影皇帝金焰也是经过孙瑜的点拨，通过演《野草闲花》，挖掘出一些"学生气质"，一举成名；联华的影星王人美，更是因为出演孙瑜为她"量身定做"的《野玫瑰》，步入观众视野，她身上的健康、粗犷的气质，在上海滩独步一时；还有黎莉莉，孙瑜也为她"定做"《体育皇后》，树立健康形象。但孙瑜这个人是有些悲剧气质的，命运也总跟他开玩笑，新中国成立后，他拍《武训传》，受到批判，那是后话。

平民导演蔡楚生则与孙瑜不同，他靠从电影义工一步一步走上来的，他在明星待过，在天一待过，然后来到联华，1933 年，他拍《渔光曲》，在上海滩乍红乍紫，后来，他又与阮玲玉合作《新女性》

并产生情感纠葛，留下怅惘的故事。

联华的公司方针和导演班子，从源头上保证了他们捧出来的女明星，完全是另一路数的，是更具有摩登上海气息的，比如阮玲玉、王人美、黎莉莉。

4

前面我们说，无声片向有声片的转型，让罗明佑在夹缝中找到了机会，用无声国片，在上海找到了联华的一席之地。但进入30年代，中国的电影业其实是面临严峻考验的。就电影本身来说，无声向有声的技术转变，已经渐渐改变了电影的状貌，电影中人物的"发声"，是迟早的事。在有声片这件事上，天一积极，明星中立，联华保守。可是，保守的联华公司也清楚，电影界终究要面对这个问题；就外部环境来说，政治的不稳定，给了中国的电影很大打击。1931年，"九一八"事变爆发，联华痛失东北院线，整个北方的电影网也随之萧条，这对于靠发行起家的罗明佑来说，是个重大打击。随之而来的上海"一二八"淞沪抗战，更是直接把战火烧到了中国电影的大本营。联华的闸北片场毁于战火，罗明佑携众人南下，企图开发南洋市场，但却谈不上成功。战事稍微平稳后，罗明佑回到上海，继续做电影，阮玲玉也回来拍了救市影片《续故都春梦》。

20世纪30年代的联华，好片不断，《三个摩登女性》《城市之夜》《大路》《渔光曲》《神女》《新女性》等片子，都能在电影史上留

联华公司"一姐"阮玲玉

下痕迹。可是，自从 1932 年起，联华公司的内部运作，便开始显露出问题——人事的分歧，成了联华这个庞然大物的顽疾。原本合并起来的联华各厂，渐渐各行其是，各自为政。1932 年，有人出去单干，比如黄漪磋；有人跳槽，比如但杜宇，从明月歌舞团收编而成的联华歌舞团也宣布解散。联华形成了两个核心：一个是以罗明佑、黎民伟为中心人物的一厂，一是以曾经大中华百合总经理吴性裁为核心的二厂。一厂有政府背景，有些偏右；二厂控制不是那么严格，左翼电影的质素渗透进来，所以有些偏左。后来，罗明佑提出"挽救国片、宣扬国粹、提倡国业、服务国家"的"四国主义"制片方针，又拍《国风》，左右两大阵营就此发生激烈碰撞。

联华公司因为摊子铺得太大，自 1932 年后，经济上就一直存在危机，再加上人事的复杂，经济问题就更加凸显。1933 年，联华再次"招股"，年底，财务再次亮红灯，联华召开董事会，打算提前卖出《风》《渔光曲》《暴雨梨花》等片子的版权，寅吃卯粮，强度年关。1934 年，联华的日子依旧不好过，一厂减薪，二三两厂裁员，香港分厂的黎北海（黎民伟的哥哥）又因为跟老板的矛盾，带兵出走。罗明佑跑去海外招股，准备力挽狂澜，终究也是空手而归。因为财务吃紧，联华的有些片子被迫停拍。罗明佑头都大了，他再也不是那个不差钱的少爷，而成了个负债的老板。偌大一个电影帝国，眼看就要在他手里衰落，罗明佑不甘心。他想到了一个点子：缩小战线。他炮制了一个合并一二三厂的计划，可是，这一计划又触怒了二厂的老大吴性裁，一时间，联华内讧不断，烽烟四起，财务停滞，拖欠员工工资长达半年。资金问题，导致联华出品的电影的速度减慢，"流水"跟不上，周转不灵，公司自然也就渐渐成一盘死棋。

1935 年，令罗明佑想不到的是，联华的头号女星阮玲玉因为情感纠纷，在三月八号妇女节这天，服安眠药自杀，轰动全国。这一悲剧性事件，无疑给原本就阴云密布的联华公司施加了一种强大的不良心理暗示。罗明佑心力交瘁，想要紧缩财政，受到抵制，心急之下，又推不出救市的片子，到了 1936 年夏天，他只好交出联华的领导权，带着当初跟他一起创业的黎民伟、钟石根，一起退出联华。联华的"罗明佑时代"，宣告结束。"后罗明佑时代"的联华，也拍出不少好片，《到自然去》《狼山喋血记》《联华交响曲》等电影都是不错的佳作。但好景不长，1937 年 7 月 7 日，抗日战争爆发，明星公司毁于战火，天一公司南迁香港，联华公司则悄然解体。上海滩的电影传奇，得到抗战结束后，才得以延续了。

5

联华公司捧红了许多女星。在这里，我想先说说前面已经提到过的林楚楚。香港电影之父黎民伟，是个很有福气的人。他的发妻严珊珊，是中国第一个女电影演员。严珊珊发现自己不满足丈夫的期待之后，便主动拉拢林楚楚和黎民伟结合。神奇的是，一男两女的家庭形态，并没有影响黎家家庭的和睦，相反，严黎二人共侍一夫，全然是和睦的、敬爱的、礼让的。她们仿佛鲜花两朵，一个在左，一个在右，于黎民伟身边盛放。在民国的电影界，严珊珊的资格自不必说，作为第一个拍电影的女子，严珊珊的勇敢和付出，不亚于当年她参加广东女子炸弹队。而林楚楚，也堪称电影界的"老人"了。1924 年，她就在黎民伟的民新

林楚楚

公司参演影片《胭脂》。民新迁到上海之后，林楚楚又演了《玉洁冰清》《木兰从军》《西厢记》等电影。

罗明佑南下与民新合作，成立联华，公司的开山之作，就是林楚楚和阮玲玉主演的《故都春梦》。而后，她又相继出演《一剪梅》《人道》《人生》《天伦》《母爱》《慈母曲》，在片中，她大都扮演"贤妻良母"，走温婉路线，是影坛的一阵暖风。和阮玲玉、胡蝶这种头牌演员不同，林楚楚在影坛，似乎从来没有暴红过，她像一个淡然的微笑，舒服、自然，让人心情愉悦。她是美的，但似乎缺少力，她对电影事业的热爱，更多的是出于对丈夫黎民伟的爱。她是因为爱一个人，进而爱上一个事业。林楚楚是个标准的美人，她亦中亦西，刚好长成一个和谐状态，她的眼睛大不大不小，嘴巴也适中，配个鹅蛋脸，很有些中庸味道。和阮玲玉魅惑的小眼睛比，林楚楚端庄些，和胡蝶俏皮的酒窝比，林楚楚则稍显严肃。林楚楚像一支百合花，清爽恬静。她可能从来不是夺目的，但却不讨人厌，她是稳妥的、舒服的、合情合理的。她永远有属于自己的一片天地。她的电影生涯，伴随着黎民伟在电影圈的来去。她始终是他坚强的后盾、温柔的伴侣。

林楚楚的一生，落在一个"贤"字上。在这一点上，她与严珊珊一脉相承，全力支持丈夫的梦想。黎民伟要做电影，筚路蓝缕，贫富无常，有时甚至倾家荡产，林楚楚二话不说，默默跟着做。丈夫的电影需要她出演，她也想都不想，脱下便服，换上戏装，往镜头前一站，立刻成为一名演员。林楚楚对黎民伟，是有心成全，真心跟随，全心付出，无怨无悔。她和严珊珊一起，成为那个家庭里的核心，用自己的力量，凝聚家族的温暖。

林楚楚圆润通达，是那种各方面都处理得很好的女人。她和严珊珊之间，从来没有因为拥有共同的男人而发生不愉快，严珊珊的女儿也十分敬爱林楚楚这个小妈。看黎家的全家福，总是严珊珊坐在前排，林楚楚站在后排。严珊珊身体不太好的岁月，林楚楚里外兼顾，把整个家打理得井井有条。林楚楚是柔软的，但绝不柔弱，黎民伟是一条航船，她便是一片宁静港湾。她对朋友也是全心全意。1932年，阮玲玉去香港避难兼散心，就住在林楚楚家。游览港岛风光，林楚楚认真陪同，她还介绍何东爵士给阮玲玉认识——何东开心地认阮玲玉为干女儿。阮玲玉去世前的那一夜，曾在林楚楚家做客，在阮玲玉眼里，林楚楚一家是贴心的、温暖的，林楚楚则是她难得的好朋友。只是，她没有林楚楚那么幸运。王人美和金焰南下香港，也曾在林楚楚和黎民伟的住所居住。在外人看来，林楚楚是最好客和善的女主人。黎民伟的会客厅里，林楚楚始终是一道亮丽的风景。

民新公司自香港成立后，起起落落，既有跌至低谷的苦境，也有风光无限的辉煌，林楚楚站在黎民伟身后，时不时地帮他做参谋。1929年，罗明佑南下找黎民伟谈合作，林楚楚就是一个合作促成的推动者。她看到了罗明佑发行王国的潜质，她必须帮丈夫一把，抓住机会。联华影片成立后，黎民伟作为联华一厂的厂长，事业攀至高峰。林楚楚没有得意忘形，一如往日，持家、拍片。她对于成名，似乎并没有其他女演员那般迫切，她是能演就演，该演就演，顺其自然。林楚楚是儒家的，但身上多少又有些道家无为而治的冲淡之气。

林楚楚身上那种乐观、坚韧和勇气，对黎民伟也有很大影响，从某种意义上说，她是黎家的定心丸。抗战爆发后，黎民伟一家移居香港，林楚楚坚持拍片补贴家用，而且都拍一些展现民族气节的影片，比如《岳飞》，比如《正气歌》，借古抒怀，为抗战出一份力。香港沦陷后，林楚楚带着一家老小，辗转去了桂林，黎民伟靠开小照相馆为生，在物质匮乏的情况下，林楚楚全力激发全家人的精神，组织家庭表演，来营造温暖的家庭小环境。林楚楚以一种母性的光辉，笼罩全家，呵护每一个人的心灵。林楚楚生日时，她不张也不扬，黎民伟外出回家后，她只是邀请丈夫一起去茶室喝一壶清茶。清茶，清心，一世情，林楚楚始终是淡雅的、清晰的、有穿透力的。

　　林楚楚有爱国情怀，但她的这种情怀是"泉眼无声惜细流"的。她总在自己的能力范围内，竭力做一些有意义的事。在桂林，林楚楚、黎民伟夫妇，竭尽全力保存了一套民新出品的纪录片。《勋业千秋》讲孙中山先生的革命路，《淞沪抗战纪实》则全程记录了"八一三"淞沪抗战。黎民伟直到去世前，还叮嘱林楚楚，要把这套片子寄往北京，捐给政府。

　　抗战结束后，黎家回到香港。林楚楚继续一人分饰两角，又拍电影，又当太太。20世纪50年代初，严珊珊和黎民伟相继去世，林楚楚毅然退出影坛，回归家庭，承担起照顾孩子们的重担。她膝下有9个子女，大都成才。黎家世代做影视行业的不少。黎民伟是香港电影之父，他的两位妻子都是女演员，，侄女黎灼灼也是联华的女明星。黎民伟和林楚楚的儿子黎铿，3岁登台，是30年代的著名童星；女儿黎宣也做了演员；儿子黎锡是摄影师。黎锡之女，也就是黎民伟和林楚楚的亲孙女，叫黎姿，现在还活跃在影坛，前几年她演过一部剧很红，名为《金枝欲孽》。

明灭 · 女王与女仆【@阮玲玉】

阮玲玉和上海的关系，是耐人寻味的。上海培养了她，成就了她，转而又埋葬了她，毫不吝惜。15岁之前，阮玲玉在母亲的督导下，接受了比较完整的上海式教育，上海给了她自由的思想，不俗的品位，也给予了她那么一点点不算过分的小虚荣。在20世纪二三十年代的中国，也只有上海这块地方，能容得下阮玲玉这样的女子。她爱读《邓肯自传》，有自己的精神追求。她追求自由，公然和自己的恋人同居，暂时把名分这种东西抛至一边。上海是博大的、宽容的、光怪陆离的，上海给了阮玲玉抛头露面的机会。其实在上海有许多这样的职业女性，她们在写字间、百货商店、国外银行、商业电台等各类机构中做着女白领，只是阮玲玉的行业更加特殊一些。她做了电影行业，享受着电影行业带来的名气、财富，也承受着与成名紧随压力和非议。在上海那座城，阮玲玉和许多女明星一切，成了都会女人的代表，也成了男权社会消费的对象。

阮玲玉的悲剧在于，她在这种消费中，不是趁势而上的，而是日渐凋零的。在电影中，她演新悲苦的女子，到现实中，她依旧摆

阮玲玉的美丽与哀愁

脱不了男人对她的影响。她闷着头往前走，可遇见的，无非是男人，一个，两个，三个，都很自私，本质上没有差别。而阮玲玉却是奉献的，失血的，对爱矢志不渝的。阮玲玉的电影生涯，从1926年起，到1935年自杀止，几乎刚刚好横跨中国早期默片的黄金十年。阮玲玉是默片时代少数几个有自己演绎风格的女明星。人生如戏，戏如人生，阮玲玉在戏剧和人生之间来回穿梭，她的表演路数是体验式，她演青年女工、被侮辱的剧作家、忧伤的母亲，电影角色的魔力，常常延续到日常生活中，让她不能自拔。她的演艺事业，和她的感情生活，在她短短25年的生命中，是相互交织、互为因果的。感情促使了她走入电影圈，促使她更加能够体会电影中人物的情感，反过来，电影也促使她对自己的感情不断体会、反思、寻找出路。

遗憾的是，阮玲玉的电影和阮玲玉的感情生活，是相反相成的两条路。阮玲玉的电影事业，是峰回路转，越走越高的；可她的感情生活，却是不断跌落的。她的表演艺术，一步一个脚印，稳扎稳打，而她的感情之路，却似乎从来没有走"对"过。她的悲剧艺术和她的悲剧生涯，难分难解，共同熔铸出一个朴素又妖媚、简单又复杂、可爱又可悲的阮玲玉。阮玲玉是中国早期默片的一个奇迹。她是一朵苦难之花，也是一个断臂的维纳斯，她不完美，却永恒，她用自己的人生演了一出戏，叫《阮玲玉》，苦难开场，惊愕结束，留给世人千般惋叹，万种迷思。阮玲玉贪着一点爱，一点依赖，一点虚荣，然后，葬了一颗心，可惜没有得到另一颗心。上海创造了两个阮玲玉，一个是电影世界的女王，一个是感情世界的女仆。她是一个悲观的女子，有一颗厌世的心。

2

提起阮玲玉，难免要说起胡蝶。她们几乎一同出道，一起出名，经历相仿，但人生结局却出人意料地大不同。个中缘由种种，千头万绪，但最重要的，大概还是要归结到两人的性格，以及由此带来的处世风格。胡蝶有些儒家风范，外圆内方，凡事退一步，不轻易开罪人，但很有自己的判断；阮玲玉不是，她是激烈的，奔腾的，非此即彼的。胡蝶是一片朝霞，一暖一大片；阮玲玉却是一道闪电，劈面惊艳。胡蝶的长相，媚中有端正，特点在一双吊梢眼，一对酒窝，初看艳丽，但她的整个气场，却又散发出一种持重；阮玲玉，一双眼也迷离，笑起来眯成一条缝，看似天真、自然，有时甚至是朴素，但她却极艳。张曼玉演《阮玲玉》，说，我觉得她骨子里有一种说不出来的妖媚。妖在哪？媚又在哪？正在于那一种风神。阮玲玉像是眉心

阮玲玉旗袍照

的一点红痣，雪天的一枝红梅，白莲的一线红心，因为素极，所以艳极。旗袍穿在阮玲玉身上总是妥帖，碎花的、镶边的、格子的、开高衩的，凹凸有致，各具风情。

阮玲玉是个天才型的演员，她情感丰富，随意流露，毫无障碍，她是想哭就哭，想笑就笑，挥洒自如。她的一双眼，含泪亦流情，笑起来仿佛春花俯首，哭起来似若月牙挂霜。《神女》的导演吴永刚说，阮玲玉是"感光最快的底片"。电影是阮玲玉感情的出口，她一笑，百媚俱生；她一哭，两泪顿存。她的哭戏最出色。她总有许多委屈、繁难排解不开，她是真正的悲剧女王。赵丹说："阮玲玉穿上尼姑服就成了尼姑，换上一身女工的衣服，手上再拎个饭盒，跑到工厂里的女工群里去，和姐妹们一同上班，简直就再也分辨不出她是个演员了。"相比于阮玲玉，胡蝶的演技则明显有些钝，板板的一笔一画，胡蝶的表演不具有煽动力。看胡蝶的片子，你脑子里能明白，哦，她在表演，但阮玲玉的表演，却是人戏合一、天衣无缝的。胡蝶是好学生，凭的完全是刻苦认真，一丝不苟，可总少了点让人惊讶的灵气。阮玲玉的表演，是东风夜放花千树，出其不意，总能给人惊喜，而胡蝶的表演，则是种下一粒籽，发了一颗芽，好好培养，然后结了一个瓜。

胡蝶从天一公司转投明星公司时，阮玲玉已经在明星拍片。一部《挂名夫妻》，让阮玲玉在影坛初试啼声，势头看好。胡蝶到了明星，与阮玲玉合作了一部《白云塔》，这也是她们一生中唯一的一次合作。片子走的是武侠神怪题材的路子。阮玲玉闷闷不乐。她入行的一部片子，是家庭伦理片，风格定位比较贴合她忧郁中带着妩媚的个人风格，阮玲玉需要一些文艺片、感情戏来磨炼自己的演技。但等到了这一部，明星跟风转拍武侠片，剧中人物脸谱化得厉害，不是高大全，就是彻头彻尾的坏女人。而胡蝶从天一公司转会到明星之前就是靠武侠片起家，现在胡蝶来了，明星没有理由不继续跟随武侠片的风潮。而且，胡蝶到了明星公司就成了头号台柱，她要演女一号，正面角色，阮玲玉只能被分配到反面角色。这段时期无疑是阮玲玉的迷茫期，定位模糊、错愕，找不到方向。

明星公司要拍《梅林缘》，但头号小生朱飞的不配合，又连累阮玲玉得罪了大老板张石川，阮玲玉惨被雪藏。胡蝶呢，在天一公司是台柱子，到明星公司依旧是台柱，她客气、听话，懂得进退，能和大家打成一片，搞好关系。明星公司的一把手张石头脾气大，在片场谁都骂，唯独没骂过胡蝶，近十年合作愉快，十分难得。胡蝶来了，翩翩飞舞，阮玲玉在明星的地位一落千丈，郁闷异常。

胡蝶与人交往，常常是君子之交淡如水，在什么场合，扮演什么角色，她心里清清楚楚，所以尺度也拿捏得分毫不差。点头，微笑，cheers，然后，转身离开。对于应酬，胡蝶常常点到为止，在社交中，她抽离又冷静，她不得罪人，但她懂得避开人。抗战时期，胡蝶在香港避难，日本人请她去赴宴，不得已，她也去，但到了之后，她只打个照面，饮酒一杯，立马走人。其姿态很明白：给你面子，但恕不奉陪，也请你给我面子。而阮玲玉呢，社交面比较窄，又不太懂得敷衍，要么冷淡，要么就一片真心扑过去，不小心便伤到自己。而现在她最重要的，是有片可拍：家里有母亲和养女小玉要养，张达民也需她供给。无奈之下，阮玲玉想到了出走。她拟了一份简历，投到刚建立不久的大中华百合影片公司。很快，她被录取了，还为了公司里很吃重的演员。

3

阮玲玉完全是从底层打拼上来的。她是尘埃里的苗，凭借超人的领悟力，努力长大，终于开出一朵娇艳的花来。但这朵花，是需要爱情的雨露浇灌的，阮玲玉没有等到，便迅速枯萎了。阮玲玉是个等爱的女人。那感觉仿佛大地等待甘霖，植物等待阳光，小孩子等一颗甜甜蜜蜜的糖。阮玲玉是有些自卑的。她6岁时，父亲去世，年幼时母亲去别人家帮佣，她成了佣人之女。她去学校读书，母亲不让她说出自己的身世，怕被人看不起。十五六岁认识张达民之后，两人恋爱、同居，但她的身份始终不被张家太太认可。阮玲玉与张达民有过甜蜜的恋爱，两小无猜。她是凭着这恋爱走出家庭、与张达民同居的。阮玲玉从家庭的出走，不是悲壮的，而是轻倩的，她追寻一种自由。而且，她在与张达民早期的关系中，也确实得到了个人自由的空间。16岁时，阮玲玉和张达民结为夫妻。他们流连于咖啡馆、百货公司、舞场、电影院，他们完全是两个孩子，一下走出家庭的桎梏，呼吸着自由的空气，兴奋得有些发烧。他们的相守，很有些"不知人间何世"的味道。

　　阮玲玉走入电影界，纯粹是为了生活。张达民分家了，得到了一批财产，但却很快在赌博中挥霍一空。他显然成不了家里的顶梁柱。阮玲玉有母亲需要奉养，她自己的生活也需要经济来源，她和张达民相守的日子固然快活，但总要落到现实中来。张达民的哥哥张慧冲问阮玲玉，你想不想当演员？张家因为张慧冲的关系，已经有两个嫂子涉足电影界。阮玲玉也想试试，更何况，生活也让她没得可选，她必须做事，养家糊口。她从女校退学，去明星影片公司试镜，被导演卜万苍看中，转身成为《挂名夫妻》的女主角，开启了自己的银幕传奇生涯。和胡蝶的循序渐进不一样，阮玲玉一出

俏皮的阮玲玉

手，就风华绝代。但她与张达民的感情，却因为自己地位的上升和金钱的问题而走向破裂。

在第一段失败的婚姻中，阮玲玉与胡蝶的遭遇何其相似，她们都遇到了"女高男低"的窘境，都遭遇了金钱的纠纷。但胡蝶处理问题，爽利干脆，快刀斩乱麻。阮玲玉却迟疑纷扰，即使她和张达民的关系走到山穷水尽，她还是跟他签协议，在长达两年的时间里每月供给他 100 元。她还曾因为与张达民的讽刺、争吵而自杀（又被救起）。阮玲玉对张达民，不是没有感情，年少相遇，一同出走，一同沉溺在大上海的灯红酒绿中，最美好的青春记忆，尽埋于此。他们是一对童男童女，很小的时候就玩到一块去了。但那还不是爱。张达民不懂得如何去爱，爱的背后，是责任，是成全，是全心全意地付出，小开出身的他，与阮玲玉之间，有一种天生的隔阂。他对金钱的态度，是挥霍，而阮玲玉却每日记账，算清一天的收入与开支。

4

阮玲玉转到大中华百合影片公司，虽然做了台柱，又能有钱养家糊口了，但她的情绪依旧低落。大中华百合是小公司，拍片子还脱不了跟风，明星、天一拍武侠神怪片，他们也就跟着走。1928 年到 1930 年，胡蝶在明星公司拍《火烧红莲寺》，在影坛掀起了一股风暴，一时间，坊间的少年儿童也都开始练武侠。胡蝶风头无两，阮玲玉只能跟在她后面演一些《火烧九龙山》之类的片子，成为疯狂的跟风者。1929 年，阮玲玉一口气拍了 6 部片子，她有些赌气，跟张石川，她想证明自己能行，硬是把这一年打造成了"阮玲玉年"。可是，这些影片艺术上的荒疏，又让她感到失落。阮玲玉煎熬着，等待着。

1929 年，华北电影发行巨头罗明佑试水制片业，他找到民新影片公司的黎民伟，想拍一部《故都春梦》，闯入中国电影的高地上海。这是一股电影的新空气。偌大一个影坛，已经被武侠神怪片弄得筋疲力尽，很需要一股新鲜空气缓解这份窒息。他们找来电影诗人孙瑜做导演，又找来阮玲玉，赴北平取外景。为了节省开支，孙瑜在北平一并拍摄了《野草闲花》，依旧启用阮玲玉做女主角。1930 年，阮玲玉带着《故都春梦》和《野草闲花》，朴素转型，从脸谱化的神怪女主角，转身成为文艺片女王。在孙瑜的指导下，她一洗明星时期演技的模式化，抖落满身铅华，锻造出独属于自己的演艺路数，大放异彩，一跃成为与胡蝶平起平坐的重量级女星。1930 年，罗明佑接收了大中华百合和民新公司的班底，成立联华影业公司，阮玲玉顺理成章成为联华的台柱。阮玲玉的气质与联华公司"提倡艺术，宣扬文化"的旨归不谋而合，她终于找到了事业的春天。

1932 年 1 月 28 日，淞沪抗战爆发，联华公司公司积极做抗战宣传，但一大批电影人还是南迁香港。阮玲玉带着张达民以及养女小玉，寄居香港。有人说，香港是中国人的码头。香港川流不息，人山人海，但又是来了又走的。香港这小小的一隅，躲在中国的南

淡雅的阮玲玉

端，很有些跳板的意思。上海战火纷飞，阮玲玉却在一帮朋友的陪伴下，在香港度过了一段短暂又心慌的悠游岁月。罗明佑、黎民伟、阮玲玉都是广东人。黎民伟、林楚楚夫妇的民新公司，又是从香港起步，到了香港等于回到了大本营，恍然之间，阮玲玉有种错把异乡做故乡的感觉。黎民伟夫妇把住宅的整个二层，都让给了阮玲玉和张达民居住。林楚楚带着阮玲

玉畅游南国风光。阮玲玉还认了著名的英籍贵族何东爵士为干爹，又去了趟澳门。林楚楚还介绍她认识了一个人：茶叶大王唐季珊。

张达民的香港岁月同样是悠游的。只是他的悠游，不像阮玲玉带着点惆怅和忧伤，他的悠游是放肆而沉溺的，香港的跑马场是他的最爱。战事稍稍平息，阮玲玉要回上海，张达民死活不肯。他已经适应了香港纸醉金迷的生活，什么上海的工作、家庭的责任，才不是他眼下要考虑的。今朝有酒今朝醉，张达民顾不了那么多。他让阮玲玉求干爹何东介绍工作。很快，张达民便在太古轮船公司的瑞安轮上当了买办。1932 年 4 月，阮玲玉带着小玉回到上海。许多个孤独的日子，阮玲玉只能靠养女小玉和一条叫"娇丽"的狗，缓解心伤。

5

阮玲玉遭遇感情挫折，不小心便跑到另一段感情里找安慰去了。她的精神资源不多，感情是她的救命稻草，可是，感情这东西从来都是最虚的，不太靠得住，今天来明天走。感情是人生的加油站，但绝对扛不起人生的重担。鲁迅说，人必生活着，感情才有所附丽。可惜阮玲玉未必懂得。相比之下，胡蝶就聪明得多，离婚官司打得沸反盈天，她照样拍自己的电影，做自己的事业。因为她知道，感情没了，抓住事业，才有时来运转的机会，否则，虎落平阳，后果不堪设想。阮玲玉认识唐季珊的时候，不是不知道他的前史，年逾四十，做茶叶生意，还是联华电影公司的董事，为人风流倜傥，在广东乡下有老婆，却仍然孜孜于搜集女明星。明星公司的前度影后张织云，就曾是唐季珊的旧爱。

唐季珊是情场老手。他给阮玲玉送花，还在花中放入窝心的小纸条，上书：工作不要太累。他还邀请她去各种华丽的场合跳舞跳。

纵然张织云写信警告阮玲玉"我的今天，就是你的明天"，但阮玲玉还是在这一点温柔中沉溺了。1933年4月，阮玲玉结束与张达民的同居关系，同年8月，阮玲玉与唐季珊同居。

阮玲玉找唐季珊，未必是图他有钱，而是抵抗不了那点慰藉与温暖。唐季珊是个沙发，阮玲玉累了，一下就坐进去了，毫无防备，也不问他日是否有来客。唐季珊找阮玲玉，则多少有些猎艳的意思，有爱，但也是自私的爱、摇摆的爱。唐季珊比阮玲玉大不少，他对阮玲玉的不放心中，有他不可告人的自卑。上海的新闸路，有一栋三层的小洋楼，那是唐季珊买给阮玲玉的礼物。阮玲玉在这个礼物里，享受、沉浸，也日渐体会到苦楚。身在上海，又是女明星，且出身上有些固执的介怀，阮玲玉的婚恋选择其实是很小的。她需要一个家，一个顶天立地的男人给她安全感。二十出头的阮玲玉未必了解自己。张达民给了她浪漫，却没有物质保护；唐季珊给了她物质保护，却没有安全感。阮玲玉始终在寻找寻常的家庭生活，她需要一点家庭的情趣，丈夫应该像丈夫，妻子应该像妻子。可惜，张达民和唐季珊都不能满足她。

表面上看，阮玲玉要强，性格突出，仿佛尖刀，很容易就跟人拼一拼，她的强势，完全有点不管不顾的意思。但内心深处，阮玲玉又是柔弱的、委屈的、需要保护的。她有些自卑，是情感上的弱者，生活中的奔求者，但她对外界总是一种抵抗的姿态，她防备心很强，却不懂疏导心绪，所以屡次受伤。阮玲玉说："我太软弱了，我这个人经不起别人对我好。要是有人对我好，我也真会像疯了似的爱他！"阮玲玉是"我拿所有报答爱"，但对方却不能给她相对应的报答。

在与张达民每况愈下的关系中，阮玲玉多少有些"圣母"情结，她总认为张达民会回头，能改过，却没料到"江山易改，本性难移"，张达民没改变，现在，她又认为唐季珊会全心全意对她，可等来的却是唐季珊自私的控制和无情的打骂。阮玲玉换来的只是——金钱的损耗，情感的折磨，青春的流逝。在电影里，阮玲玉常常是风光的女主角，但在男女关系中，她却是甘心居于配角位置的。她理想的婚姻状态，是夫妻和睦，夫唱妇随。她在精神上没有独立起来。在感情世界里，她是一个乞求者。

阮玲玉是一个虔诚的佛教徒。好几次，她去普陀进香。在苏州拍《人生》时，一行人去虎丘玩，归来途中，阮玲玉又去西园进香。五百尊罗汉，每一尊她都要敬一支香。她的虔诚，恰恰反映了她内心的挣扎与撕裂。她找不到心的出口，所以祈求得到上天的指点。

6

阮玲玉面硬心软。大红大紫的时候，追求者众多，她身边有一只小藤箱，填满求爱信。对于这些，阮玲玉既不回应，也不销毁，更没有看低追求者，她把它们锁在箱子里，贴上纸条，上书：小孩子的信。胡蝶跟她正相反。胡蝶表面上柔软可亲，客客气气，内心却颇强势。这强势，来源于自信和乐观。胡蝶是一个女子，她需要男人，但在胡蝶的生命中，她未必需要男人来给她全部支撑。她与林雪怀打官司，打得理直气壮，最终获胜，她的声名非但没有因为官司而跌落，反倒塑造了自己独立女性的形象。阮玲玉却在张达民和唐季珊对自己的抢夺中，失去了自我，两个男人都认为阮玲玉是自己的私有

阮玲玉侧影

财产，张达民把她告上法庭，唐季珊对她任意打骂，阮玲玉的精神世界，一下崩塌了。阮玲玉是一个旧女性，不小心走到电影这个新世界中来，她的戏演得越来越好了，经济独立了，名气越来越大了，但精神上却一直没有独立起来。她的世界，必须要有个男人来支撑。

阮玲玉从香港回来之后，影坛就已经开始飘起了另一股新空气。随着战事和政治空气的变化，左翼之风开始席卷影坛。盛夏的傍晚，几个青年人夏衍、阿英和郑伯奇，在 DD 咖啡馆，面见明星影片公司巨头周剑云，进行了一次"相当坦率而又相互间心照不宣的谈话"。既而三人化名黄子布、张凤吾、席耐芳，成为明星电影公司的顾问，左翼电影运动开始。这股风潮很快拓展到了联华。田汉与联华合作，打造了《三个摩登女性》，阮玲玉意气风发，借着左翼的潮流，突破自我，倾情出演青年女工周淑贞这个角色，演艺生涯更上层楼。而后，她又演了费穆的《城市之夜》和孙瑜的《小玩意》，越演越入戏。但另一方面，她的私人生活，却并不十分愉快。唐季珊懂女人，尤其懂得女人的弱点，但他却不够珍惜女人。他是一杯有毒的美酒，旋转在夜场中，香甜诱人，但喝下去，少不了吃痛万分。

1934 年，阮玲玉一口气拍了 7 部电影：《人生》《归来》《神女》《香雪海》《再会吧，上海》《神女》《新女性》。感情失意，阮玲玉寄情工作，寻找精神上的解脱。她是在逃避，逃避内心的困惑，张达民、唐季珊，都是她曾经爱过的人，可爱的全不对。在电影事业上，阮玲玉挑片子，挑导演，严格认真，可到了私人生活中，到了感情的旋涡中，她则像是换了一个人，毫无抵抗，束手就擒。她总是悲观、低落，她看人生，是溺水般的无望的下沉。1934 年，中国选派影星去俄国，胡蝶中选，阮玲玉落第。胡蝶去看阮玲玉，谈起去俄国的事，阮玲玉感叹："能有机会出去走走，开阔一下眼界，总是好的，不知我此生是否还有此机缘。"胡蝶有悲剧般的经历，但却有乐观的性格，所以最终悲剧也成喜剧。阮玲玉则是完全的悲观者。她把人生看得很严肃，所以一遇到情感不如意，便深觉怅惘。喝酒喝到半醉半醒时，阮玲玉会问朋友，"我算不算一个好人"，又说，"做女人太苦"，"一个女人活过三十岁，就没有什么意思了"。

阮玲玉拍《新女性》时，遇到了蔡楚生。蔡楚生是郑正秋的学生，是中国电影的第二代导演。他们的缘分来得很迟。1932年，蔡楚生拍《南国之春》，找阮玲玉出演，被拒绝。而后，他拍《粉红色的梦》，邀请阮玲玉演出，再次被拒绝。他没有名气，拍的片子也是"粉红色"的，这闭门羹吃得完全在情理之中。但蔡楚生很快就转了运。1933年，他拍《都会的早晨》，在影院连映18天，名气小成。1934年，他拍《渔光曲》，轰动上海，在金城大戏院连映60天，一手捧红了王人美，电影歌曲被灌成唱片，狂卖十几万张。蔡楚生跻身一线导演行列。现在，他要拍好友艾霞的故事，又向阮玲玉发出邀请。阮玲玉接受了。阮玲玉和蔡楚生，有太多相似之处，他们祖籍都是广东，都热爱电影事业，而且，在面对自己的出身时，他们有些"同病相怜"。阮玲玉最怕别人提起她是佣人家的女儿。而在众多留洋回来的导演中，蔡楚生又对自己从电影义工做起的奋斗史有些自卑。

7

阮玲玉和蔡楚生的感情，是在《新女性》的拍摄过程中升温的。他们相遇而产生的感情，不是激情迸发式的，而是疗伤式的，是带着苦痛的过去，却忽然找到了一线清泉。他们都处在事业的巅峰，但身处静悄悄的片场，轻言细语中，他们又有点同是天涯沦落人的惺惺相惜。他们的相恋安静、温暖，伴着眼泪和诉说。此时的阮玲玉，是一片冰河，蔡楚生便是冰层下的一股暖流。她觉得自己又有

手持网球拍的阮玲玉

救了。可是，落花有意，流水无情。蔡楚生已有妻室。更何况，阮玲玉生命中的暴风骤雨很快就到来了。

1935年是阮玲玉的流年。年初，张达民和唐季珊的官司让她陷入无可阻止的"丑闻"中，而《新女性》因为新闻记者一角而产生的上映波折，也让阮玲玉深感绝望。小报记者向她围攻，借着她打官司的风头，狠挖她的私人生活史。阮玲玉跟黎民伟等人说："我有充分的证据，可以证明我无罪，不过报上登得太难听了。"她还说："还有马路上卖报的小孩，嘴里乱喊着看什么什么，更叫我听了难堪。"据说，阮玲玉曾经向蔡楚生发出过求救信号。但蔡楚生的回答是，沉默。他或许有他的难处：妻室不能不管，而且，未来还要拍电影，不能因为卷入丑闻，而自毁前程……那时候的蔡楚生，没办法勇敢。她敢于突破现实，寻找爱的港湾，他却不敢与整个社会规则作对。如果早遇上几年，他或许敢于拥抱她，接受这份情感。可人生没有如果。

1935年，阮玲玉也遭遇了事业的尴尬。她似乎走到了一个瓶颈。1930年，胡蝶便在明星公司的《歌女红牡丹》里牛刀小试，发出声音，拍了一部有声片。因为影院院线系统设备来不及更新，默片在国内还有一定的市场，可是到了1935年，这一"延迟"终于快走到了尽头。有声片以一种剽悍的姿态，挤走了无声片的位置。作为默片女王，阮玲玉面临着事业的新考验——她必须发声。在好莱坞，默片女王嘉宝那略带瑞典口音的英语发声，让世界为之疯狂，但阮玲玉却没有那么幸运。她的声音过细，而且广东籍的她，国语也不是那么标准。她开始苦练国语，期待转型。相比之下，胡蝶就幸运得多，从无声到有声，对她来说，不过是逢山开路、遇水搭桥，她正常的声线、标准的国语，都让她的转型显得那么轻松自然。阮玲玉压力更大了。

阮玲玉等不到爱，看不见未来，心灰意冷，外面官司又打得满城风雨。1935年3月7日晚，

娇柔的阮玲玉

黎民伟设宴请客，阮玲玉早早到席，全程谈笑，仿佛心事全无，散席之后，她还吻了女主人和黎铿、黎锡，八小时后，阮玲玉服安眠药自杀……1935年3月8日，妇女节，下午6点38分，阮玲玉与世长辞。在她身后，是一个无声、辉煌又渐渐远去的默片时代。阮玲玉是默片时代的一朵花，无声地开，又无声地败。而阮玲玉的电影，一头一尾，像两个巨大的影子，隐喻着她的人生。阮玲玉的第一部片子是《挂名夫妻》，她和张达民、唐季珊，都曾是挂名的夫妻；她的最后一部片子《新女性》，以女演员艾霞的自杀为原型，演完此片，阮玲玉竟也走向自杀的结局。阮玲玉背着"挂名夫妻"的十字架，终于没有走进"新女性"美好的明天。

阮玲玉死前，留下遗书，前后有两个版本，孰真孰假，也成为谜案。第一个版本是唐季珊提供的，影印件，发表在《良友画报》1935年第103期；第二个版本在阮玲玉自杀后一个半月，发表在《思明商学报》上。阮玲玉留有遗书几乎是肯定的。当天她从黎民伟家中回去，已经将近夜里12点，"阮即对唐说腹饿，于是嘱女仆为煮面一碗，一面命唐先睡，唐不欲独眠，强阮同睡，阮云，记好零

用账，即来同睡，唐乃上床，呼呼入梦"，阮记零用账是假，写遗书是真。两个版本的遗书出来，内容真真假假，扑朔迷离，涉及张达民、唐季珊、唐的情人、小报的无耻、公司对她的欠款以及她母亲和养女的未来安排，信息量非常大。但无论真遗书、假遗书，遗书和伪造遗书本身，就反映了当事几方对话语权的抢夺。阮玲玉临死一场天鹅之歌，固然证明了自己的清白，但到底也令人叹惋。

阮玲玉是凛冽的，相比之下，胡蝶是朦胧的。阮玲玉是清清爽爽一场雪，胡蝶是氤氤氲氲一场雾。阮玲玉是有一说一，不打含糊，临死了还留一封遗书，把自己和张达民、唐季珊那些事，说个清清楚楚，明明白白（但她没料到有人会伪造遗书）。阮玲玉活得太清晰，太透明，对自己要求也高，所以公众的压力一来，她便扛不住了。因为是从底层起来的，阮玲玉格外好面子，做人、恋爱、演戏，她都把面子放第一位。她是努力想活得好，演得好，但却总是坠落，她心思太细腻，做人又太认真。而胡蝶却是"难得糊涂"。阮玲玉是把什么都说清楚，而胡蝶却是知道也不说。阮玲玉是清水一杯，容不得一点污，胡蝶却是一锅酸辣浓汤，五味杂陈，说也说不清楚。看客们想知道？无可奉告，自己去揣摩，自己去体会。胡蝶的私生女，胡蝶与戴笠的三年，至今仍然说不清、道不明。人们问起，胡蝶只是一笑而过。说不清楚就不说。时间是最好的稀释剂。历史的谜团，像一个美味的泡芙，胡蝶一口吞下去，独自消化，独自忧伤，独自沉醉。

8

费穆说阮玲玉："你是一个太好的好人。"好人难做，难就难在心软，对情人，阮玲玉心软，分手后还给生活费；对追求者，她也不愿意丢弃他们的情书。阮玲玉是分明的。她对你好，好就好到底，掏心掏肺，所以她的朋友都知心；她对你冷漠，也冷漠到底，不复妥协。阮玲玉因为太好，所以格外禁不住别人对她好。她是投之以桃，报之以李的。只可惜，这个世界给她的回报太晚。据说，阮玲玉在拍《香雪海》时，在浙江普陀山出外景。舍身岩上，阮玲玉曾聆听费穆对于"舍身"的解释："舍身就是自杀。自杀固然痛苦，可是不正常地活着更加

阮玲玉为情憔悴

痛苦，有人有勇气痛苦地死去却没有勇气痛苦地活下去。能痛苦地活下去需要更坚强的意志。而痛苦地死——自杀，有时像一颗炸弹，一座火山，能使活的人惊醒，使整个社会震动。"

阮玲玉死后，备极哀荣，舆论风向突转。她的消息占满了上海的大小报纸，她的电影艺术，获得几乎一致的高评价，评论家公推她为"中国电影圈内最有成就"的女演员。联华公司为她举行公葬，三天内来了 10 万人，送葬群众多达 30 万。眼泪、鲜花、遗照，一片凄然。不少忠实粉丝听闻阮玲玉去世，"五雷轰顶"，以死相随的不乏其数。上海戏剧电影研究所的项福珍女士，吞鸦片殉葬；杭州女影迷张英美，服毒自尽；还有许多少女，也纷纷自杀，紧紧追随阮玲玉的脚步。她们留下的遗书，大同小异，归根到底一句话：阮玲玉死了，我们活着还有什么意思。阮玲玉生前最看重名誉和她的电影事业，在一切因为私人生活和舆论的压迫几乎崩塌时，她选择了结束生命。可恰恰是在她死后，她所追求的一切，前所未有地达到了最高峰。可是，斯人已去，一切还有什么意义呢？

阮玲玉死后，张达民依旧荒唐。他公开了阮玲玉给他的所谓"情书"，还接受一家香港电影公司的邀请，拍了一部反映阮玲玉生平的

电影《清泪》，张达民在片中演他自己。结果片子拍出来，血本无归，张达民受不住舆论压力，逃离上海。据说，张达民活到 32 岁，死于肺病。张达民还出过一本书《我和阮玲玉》，披露他和阮玲玉的种种，但他终究为阮玲玉守住了一个秘密：她是佣人的女儿。这是阮玲玉生前最怕人知道的一件事。在她死后，张达民死守这个秘密，一直到去世。

阮玲玉死后，唐季珊还是过自己的日子，没有殉情，似乎也没有过多的忏悔，继续自己的情史。但他到底遵照阮玲玉遗书中所写，照顾了阮母和阮玲玉养女的生活。唐季珊视阮小玉为己出，后将其改名为唐丽珍。唐丽珍得阮玲玉荫庇，读书进学，在中西、启秀女中都待过，毕业后被唐季珊送往泰国，后与西贡银行的经理俞鄂斌结婚，生活幸福。阮玲玉的母亲，也一直由唐季珊供养，唐季珊离开上海后，阮母寄居亲戚家，但其生活费唐却每月不断，一直到1962 年阮母去世。

阮玲玉死后，唐季珊曾当众表示："余为丈夫，不能预为防范，自然难辞其咎；但余对玲玉之死，可谓万念俱灰。今生今世，余再不娶妻，愿为鳏夫至死⋯⋯"可是，他终究没当鳏夫"至死"，他依旧爱美女，依旧把美女当做他情感追逐的战利品。1948 年，他和民国著名美女、交际花、剑桥大学毕业生王右家在北平结婚。王右家曾是著名报人、民盟创始人才子罗隆基沸沸扬扬的婚外情人和妻子，还曾是曹禺《日出》中女主角陈白露的影子。而后，平津战役打响，唐季珊夫妇南下，1949 年移居台湾。唐季珊的台湾生活依旧是粉红色的。唐照例做他的茶叶生意，钟情于美女，王右家则依旧做她的交际花，周旋于达官贵人之间，唐家在北投山顶的别墅很快就成为社交的中心。与阮玲玉的软弱形成对比的是，王右家果决、强势，多年来混迹于上流社会的沙龙和男女遍地的情场。王右家之于唐季珊，多少有些"道高一尺魔高一丈"的意思，唐季珊惯于偷腥，爱上酒吧女安娜，王右家拎起包就走出了唐家别墅，远去香港。你玩，可以，我也可以选择走。唐季珊多年玩蛇，今朝却被蛇咬，失去王右家这块活招牌，他的生意一落千丈，几年后，由于多种原因，他倾家荡产，流落街头，老境可谓颓唐之至。

阮玲玉死后，蔡楚生的编导功力日渐精进，事业也顺风顺水，1947年，他和郑君里联合编导了《一江春水向东流》，创造了国产影片卖座的最高纪录，并誉为"中国电影发展途程上的一支指路标"。他当年理性的选择，成就了他后来的事业，只是，在摄影棚灯光熄灭的那一刻，在辉煌与落寞转弯的瞬间，他是否还能记得当年那个满腹心事的女子，在摄影棚的一角，与他细说来路？如果他当初勇敢一点，如果他当初带她走，现在的日子又会怎样？人生没有如果。蔡楚生评阮玲玉："她终究是一个太温情，感情太脆弱的人。"可是，谁说温情与脆弱，没有致命的吸引力呢？几十年后，提起民国电影，阮玲玉依旧占有一席之地。更何况，谁不曾软弱，谁又不曾犯错？王人美在回忆录中说，蔡楚生当年也沉迷于鸦片，外号"蔡嚓嚓"，嚓嚓是指他抽烟时的声音。只是，他改过了，走回了正途。遗憾的是，阮玲玉无法改过，无法起死回生。

阮玲玉去世20周年时，蔡楚生不小心披露了阮玲玉的秘密：她是佣人的女儿。那一年，她认为他与她同病相怜，所以将心中最痛倾吐而出。可他却没有守住阮玲玉最后的秘密。蔡楚生和阮玲玉的故事，世人一直不知道。1984年，蔡楚生离世多年后，资深电影前辈柯灵先生，才在一次纪念中国电影大会上，第一次公开了蔡和阮的情感纠葛。阮玲玉是一朵温柔又脆弱的栀子花，风来雨去，啪的一声折断了。光和影把她捡起来，夹在历史这部大书里，静静的，一直散发着香味。

9

阮玲玉去世后，很多人忧伤不已，但也有人因为偶像的力量，走上电影之路。最著名的例子是李绮年。1932年，17岁的广东女孩李楚卿，为了面见她的偶像阮玲玉小姐，离家出走，到上海生活一年。居留沪上，她每日所做，也只是看阮玲玉和联华公司的电影。而后，她回到南方，20岁时加入了香港大观影片公司，改名为李绮年，主演《昨日之歌》，开启了自己的银幕生涯。

李绮年外貌与阮玲玉有几分相似，常年观摩阮玲玉的电影，又使得她在表演上，也依从阮玲玉的路线，从而又找到了几分神似。形神兼备的李绮年，很快就接收了阮玲玉的粉丝和新观众的追捧，成为阮玲玉第二。1935年，李绮年和粤语片白马王子吴楚帆联袂出演《生命线》，更是红上加红，荣登"南国影后"宝座。随后，香港导演关文清，为李绮年"量身定做"了一部《人言可畏》，直接让她演阮玲玉。这正是李绮年的强项，她投情入戏，几乎以假乱真，许多人看了，直说："活化了阮玲玉，仿佛她又还阳到了人间。"李绮年的演艺路，从此一帆风顺，30年代后期，她几乎称霸粤语影坛，拍了许多叫好又叫座的片子，红得一发不可收拾。后来，李绮年又北上上海演片，赢得不错的口碑。不过，在演技上，李绮年始终对自己的偶像阮玲玉亦步亦趋。《红楼梦》里有云，晴有林风，袭乃钗副，意思是，晴雯和林黛玉有点像，袭人与宝钗有相似之处，那么，在民国的上海影坛，李绮年则可以说是阮玲玉的"副本"。

李绮年不但受阮玲玉感召走上影坛，外貌、演技惊人相似，就连她的感情生活的模式，也仿佛从阮玲玉那里拓本而来，俨然悲剧。李绮年当年从上海回乡之后，负气离家出走，流浪澳门。当她看到报纸上刊出阮玲玉自杀的消息，顿时觉得生无可恋，毅然投海自尽。

哪知她大难不死，被一个男子救回，两人结为伉俪。结婚后，李绮年才发现自己堕入魔窟，这个男子是个赌鬼。欠债后，李绮年被抵押到妓院。在烟花柳巷，李绮年认识了富商庄某。庄某迷恋她的美色，搭筑香巢，金屋藏娇，但庄某逢场作戏惯了，李绮年忍受不了，便投考电影公司，从此走上影坛。

李绮年成名后，庄某不失时机地跑出来，扮演了"张达民第二"的角色，好在电影公司不予理会，李绮年照常拍片，终于渡过难关。后来，李绮年在一次宴会上，认识了林修文，他是《与妻书》作者、黄冈七十二烈士之一的林觉民的堂侄。两人你来我往，一见如故，情愫暗生，许下终身。抗战爆发后，李绮年鼓励林修文弃商从军，哪知林修文一去不回，于抗战胜利前夕牺牲。再后来，遭受重大精神打击的李绮年，草草地跟一个叫黎化的男人结了婚。哪知道黎化劣迹斑斑，糟糕透顶，根本不是她想要的那个人，李绮年万念俱灰。1949 年，李绮年带团下南洋演出，票房大败。1950 年 11 月 12 日，香港《华侨日报》刊登消息："香港第一位电影皇后李绮年，于 11 月 4 日在越南服食安眠药自杀逝世。"据说在临死之前，李绮年对人说："我的一生像我崇拜的阮玲玉一样苦，就连最后嫁的丈夫也像阮玲玉的丈夫张达民。"一个悲剧，两重描画，李绮年用自己悲苦又艺术化的一生，演了一出悲剧，叫阮玲玉。

逆风 · 一个女孩的朝圣途【@陈燕燕】

　　陈燕燕是联华一手培养起来的女星。她与阮玲玉的缘分，延续一生。1930 年，14 岁的陈燕燕参与了阮玲玉主演的联华公司开门影片《故都春梦》，她演一个姨太太，纵然表演生涩，但她还是借着伯乐导演孙瑜的器重，敲开了影坛的大门。40 多年之后，身在台湾的陈燕燕，收到了关锦鹏的邀请，倾情出演电影《阮玲玉》，她在片中演她自己——作为曾经在阮玲玉身边徘徊过的后辈演员，陈燕燕用这种方式，表达自己对阮玲玉的哀思。陈燕燕身上有种喜气，在 20 世纪二三十年代出道的女演员中，陈燕燕是为数不多的几个善始善终的女演员。但就演戏来说，陈燕燕并没有被身上的少女习气束缚，而是一再突破自我，悲剧正剧样样来得，所以她一辈子都有戏演。阮玲玉曾预言：陈燕燕是唯一会"夺走她半壁江山"的女孩！果不其然，到了 40 年代，陈燕燕就跻身中国影坛的"四大名旦"，只

少女陈燕燕

是，阮玲玉没有机会看到陈燕燕走那么远。

陈燕燕出道时，以一种少女的娇俏气质走红。陈燕燕算不上绝美，一双吊梢狐狸眼，鼻子不算高，但好在她涂上口红，眼神定定地沿着45度角朝上看，腼腆地笑着，竟也能惹人怜爱。其实，从中国电影造就出女明星以来，女明星们的走红，未必需要端正的美，而是求诸于一种特色，一种让人过目不忘的魔力。阮玲玉的魔力，在她的一双带笑又含泪的眼；胡蝶的魔力，是她的酒窝；徐来的魔力，是她的尖下巴；王人美的魔力，是她黑黑的皮肤，微微凸起的嘴……陈燕燕的魔力，则在于她左边嘴角上的一颗美人痣。陈燕燕有一张难得的"电影脸"，她有"狐相"，极具可塑性，笑起来天真无邪，皱起眉头来，又瞬间苦大仇深，眼睛一拉，嘴角上扬，她又变成一个内心复杂的"坏女人"。

陈燕燕一生的表演谱系跨度很大，《故都春梦》里，她演姨太太；《南国之春》里，她化身一个哀怨少女，并因此得到"南国乳燕"的雅号；而后她又演了《母性之光》《三个摩登女性》《暴雨梨花》。1934年，孙瑜导演左翼阳刚系电影《大路》，陈燕燕柔情出演，并献唱《燕燕歌》。30年代后期，陈燕燕年纪渐长，戏路也开始有所转变，她演了许多苦情女子，且大都为经典角色，比如《雷雨》里的四凤、《琵琶记》里的赵五娘、《白蛇传》里的白素贞。在"后阮玲玉时代"，陈燕燕一跃成为上海滩知名的悲情女星，从某种意义上说，她是在续写阮玲玉的银幕神话。

陈燕燕在她的"小鸟时代"就拥有影迷无数。据说，一个北平女

陈燕燕温柔可亲

学生是陈燕燕的忠实粉丝，为了见陈燕燕一面，偷偷离家出走，远赴上海，找寻半月，终于找到陈燕燕。见面时，女影迷为陈燕燕在电影中的剧中人物所感，抱住陈燕燕放声大哭。陈燕燕热情款待了她，还为影迷买了回程的车票。更有加拿大影迷终身都是陈燕燕的铁杆粉丝，收藏陈燕燕的照片无数，去世前，她把这些照片一分为二，一半寄给陈燕燕，一半随自己深埋地下。

张爱玲自称最喜欢的女星便是陈燕燕。想来，张才女可能正是喜欢燕燕演戏的哀顽与冶艳。电影里的陈燕燕，是上海滩歌舞散场后的一片粉底，落寞的浮华，充满了故事，尤惹人怜。她也像月份牌上的美女，只是脸庞有两行相思泪，人世间那许多割不断、舍不掉、忘不了、追不回的痴怨情感，都在她的表演中得以诠释。1947年，桑弧与张爱玲联手合作电影《不了情》，张才女点名要让陈燕燕出演苦情女一号廖家茵。那时候陈燕燕刚生完孩子，体重降不下来，裹着一袭黑衣，苦大仇深。片子上映后，张爱玲不是十分满意，又把这部电影改成小说，等于重写一遍，改名《多少恨》。

1949年之后，陈燕燕南下香港，和丈夫自组公司，演戏多走少妇路线。50年代后期，陈燕燕去台湾拍片，屡屡斩获大奖。1981年，

陈燕燕《不了情》剧照

活泼的陈燕燕

陈燕燕定居台湾。1988年，72岁的陈燕燕出演红遍两岸的电视剧《昨夜星辰》，演技精纯，令人感叹。1991年，陈燕燕来上海拍《阮玲玉》，仍受到追捧，只不过，她是以《昨夜星辰》里的周妈妈这一形象博得年轻观众的喜爱。陈燕燕说："时光过得真快，一转眼半个多世纪过去了。回想我过去虽然主演过无数叫座的影片，然而年华不再，终究要化绚烂为平淡，我是很苦涩地才渐渐接受了'长江后浪推前浪'这一事实的……"

陈燕燕是家中的独生女，受过良好的教育，她出生在宁波，幼时随父母迁居北平，长大后入北平圣心女子学校读书。陈燕燕是正黄旗后裔，家教严格，女子抛头露面在父母看来是家中大忌，别说后来拍电影，在万人面前表演，就是陈燕燕去女校读书，也已经是破天荒的事。13岁那年，她被父亲从学校召回，由家中请来的老师单独授课。不过，家庭的笼子并不能"扼杀"活泼的少女天性，她爱美，爱看电影，也为电影中或美丽或哀愁的女主角吸引。

陈燕燕入行很奇。1930年，联华公司为拍《故都春梦》到北平取景。在他们居住的旅馆里，导演孙瑜发现一个账房先生的女儿经常来往，探望爸爸，孙瑜见她可爱，便建议她来演一个小角色。女孩答应了，糊里糊涂地一头撞进影坛。14岁，懵懂无知，电影这个原本有些超现实的东西，忽然以一种莅临的姿态，空降到陈燕燕的生活中，她想着种种光鲜，顾不了做演员的辛苦，立刻被电影"降服"。那一年，那一天，那一个时辰，那一分钟，那一秒，遇见贵人，这也是缘分。陈燕燕决定随着"缘分"的潮涌，顺流而下。电影就是她的华服，她的口红，她的高跟鞋，她的紧身衣。电影像一个魔棒，瞬间让一名少女，焕发出惊人的美丽。

和当时的女明星一样，陈燕燕的电影之路，也是从对家庭的"叛离"开始的。陈燕燕家是旗人，虽然清朝已去，民国到来，但燕燕父亲心里那种旗人的骄傲并没有失去，他不喜欢女儿去做"戏子"，丢家族的脸。可以想见，陈燕燕的出逃，是艰苦卓绝的。一个女孩的决心，想要撼动父亲固执的骄傲，除了哭、闹、反复提要求，还需要别人的帮助。关键时刻，林楚楚等一批联华人站了出来，他们上门劝说陈燕燕的父亲，苦口婆心；他们联合陈燕燕的母亲，双管齐下，父亲内心坚实的心墙终于开了一扇小窗。但父亲还是给陈燕燕定了"四个不准"：不准用家里的姓；不准说家里的事；不准继承家里的财产；不准败坏门风。陈燕燕就是身背这"四个不准"，南下上海，开启了属于自己的电影传奇。陈燕燕也确实谨守诺言，时至今日，也没有人知道她的家族姓氏，陈取的是与她族姓的相近音，燕燕这个名则是黎民伟根据当时流行的叠字取名法，帮她取的（林楚楚、陈燕燕、黎灼灼、黎莉莉，联华的女星格外喜欢叠字名）。

清丽少女陈燕燕

陈燕燕也着实亮烈。数年后，陈燕燕名满全国，衣锦还乡，本以为老父亲会给她一点鼓励，一个拥抱。可父亲却初衷不改，力劝她退出影坛，留在北平过简单的日子。陈燕燕拒绝了。她父亲说：那你不许用真名，只能继续用假名。陈燕燕爽利地表示，自己的真名现在开始就叫陈燕燕，她只用陈燕燕这个名字对观众负责。父亲有父亲的固执，女儿有女儿的坚持。人生路，终究是自己走，别人的意见只是参考，陈燕燕对自己负责，走出一个潇洒的步姿。陈燕燕也是一名出走的"娜拉"，只是她的出走，不是为男人，不是为家庭的压迫，而是为了梦想。她自食其力，自给自足，在别人的帮助下，一跃成为时代的宠儿。

陈燕燕的婚姻谈不上是悲剧，但也颠簸、伤情。她结过两次婚。第一任丈夫黄绍芬，是民新公司的摄影师，陈燕燕第一次触电的《故都春梦》，黄绍芬就参与执镜。陈燕燕和黄绍芬的恋爱，是日久生情型的，但毕竟两人太年轻，陈燕燕初出茅庐，谈起恋爱多少有些懵懂，两人因为追逐事业，爱情长跑多年，婚期一再延后，直到抗战爆发才走入婚礼殿堂。战争毁灭一切，却成就了一段婚姻，只是，围城内的风景，未必如人所愿。他们有一个女儿。他们的婚姻维持得不久，分居，离婚，分手得很淡然。1991 年，陈燕燕来上海拍《阮玲玉》，一直留在上海的黄绍芬曾来探望她。时过境迁，面对前夫，陈燕燕唯有在内心感慨。

陈燕燕的第二任丈夫，是演员王豪。他们也是因戏生情，1949年过后，两人南下香港，双宿双飞，开办"海燕电影公司"，颇为成功。后来，因王豪在情感上不够专注，陈燕燕再一次选择离婚。婚姻，原本就是用 99% 的忍耐，换取 1% 的幸福。她有她的骄傲与倔强。围城内外，陈燕燕都不曾妥协。她失去安全感，得到自由。她是人间的旅客，婚姻不过是她路过的一片花园，来过，尝过，痛苦过，享受过，足矣。晚年陈燕燕以拍戏为乐，忙忙碌碌，几乎忘记了孤单与寂寞。她一直在走，她是停不下来的人，此时此刻，眼前风景，好好享受，便是人生皈依。

陈燕燕最有韵味的一张照片，是她出道前后拍的。照片中，她裹着一个淡色头巾，松松地挽着，眉毛又细又黑，眼神却是淡淡的，有些抽离和迷蒙。她穿着一个戏服一样的深色绣花的衣服，袖口很高也很大，仿佛百褶裙边。那时候的陈燕燕，还不知道未来的路有多远，北平、上海、香港、台北，四座都市，四种情态，日后她悉数尝遍。晚年的陈燕燕，恐怕一直忘不了离开北平那一天，一转身看见的那些灰色院墙，忘不了上海酒绿灯红，忘不了香港的海、台北的雨，还有那一年，最美的自己。

叠影 · 化身姑娘【@袁美云】

　　袁美云俏，她成名得早，所以总给人"小"美人的印象。她的五官，单看都不突出，既没有胡蝶的酒窝、阮玲玉迷离的眼神，也没有后来上官云珠那种大刀阔斧的轮廓，她的眼睛仿佛柳叶，是内双，鼻子小小的，嘴唇薄薄的，组合在一起，竟然整体大于部分，呈现出一种清朗的状貌。她是江南的一支粉色月季，小而秀，月月开放，惹人怜爱。和同样曾走萝莉路线的张织云比，袁美云显得更加小，而且无忧无虑，她的甜美形象，像是江南的盛夏，阳光照在莲叶上，一阵清风吹来，莲叶上水珠滚动，好不伶俐。袁美云的俏和周璇的俏也不同，周璇俏中有淳朴，袁美云不。袁美云浮华只沾一点点，半似淳朴半浮华，坏也只是狡黠，不具有破坏力。同为浙江人，现在的周迅和袁美云有几分神

小女伶袁美云

似，尖尖的一张脸，玲玲珑珑，生在盛世，便是最调皮的公主；生在乱世，则是小家碧玉。

袁美云出身也苦，9岁丧父，母亲无法，为了换点钱，只好把她典押给苏州梨园行里的袁树德学戏，为期8年。身为养女，寄人篱下，袁美云有太多理由以泪洗面。但活泼乐观的天性、超凡的天赋，又让袁美云总显得不那么苦。袁美云5岁就唱《南天门》，9岁时，养父让她学唱戏，她便依着学起来，并且一学就会，触类旁通，唱念做打，她都颇有心得。10岁她就登台献艺，在江浙唱出点名气，15岁进军大上海。对于生活，袁美云很少抱怨，即使在契约结束之后，养父想要继续占用她的劳动所得，袁美云也没有慌了神，她和母亲找来德高望重者从中调解，最终达成协议，顺利解决争端。在袁美云这里，仿佛没有什么事情是绝对不能解决的，是值得鱼死网破的。她始终相信，再难的事，只要想想办法，找找熟人，总能柳暗花明又一村，西皮流水，人情冷暖，她早已看淡。

与宣景琳等人的沉沦不同，出身底层的袁美云，仿佛灵巧的燕雀，有个机会便一飞冲天，哪怕人生似苦海，她也要做钱塘江潮头的弄潮儿，找到一点人生的乐趣。她不是悲旦，而是花旦，活泼泼的花旦，她的生活往往是一出喜剧，是笑着笑着运气就来了，说着说着生活就发生突转了。她是天蟾舞台上最灵巧的水袖，舞啊舞，百转千回，总能够找到出路。对待生活，袁美云从来不迎不

充满活力的袁美云

避，不卑不亢，来了，她就接受，就像有戏台她就可以去唱一样，一切自然而然。她不用努力去寻找生活，生活对她来说，反而像是个客人，哐当一下撞开门，闯进她的生命中。袁美云有种精灵气，她仿佛西湖边苏堤、白堤旁的杨柳，翠绿翠绿，生机盎然。她也是三潭印月照出的月亮光，明晃晃的，在黑夜里，直照到人心里去。蕙质兰心四个字送给她刚刚好合适，她是民国影坛的临水照花人。

袁美云的天真，也不是洁白无瑕式的，她是看惯了人情冷暖后，从污浊中捶打出的天真。她灵巧机智，懂得如何在人世中生存。也正因为小而巧，且孩童时代就已经出名，许多重量级人物都放下戒备，心甘情愿助她一臂之力。养父袁树兴尽管拿她当摇钱树，却也在客观上为她打下了不俗的戏曲功底，为日后走红奠定基础。袁美云15岁回上海，在天蟾舞台唱戏，红极一时。天一电影公司的老板邵醉翁慕名而来，一力提拔她进电影圈，这才成就了袁美云在戏曲舞台之外的广阔天地。1933年，夏摩洛夫与梅兰芳联合导演音乐哑剧《琴心波光》，袁美云被梅博士推选为主角，在大光明电影院大出风头。

袁美云是陆小曼的干女儿，两人感情深厚。陆小曼和徐志摩结婚，南下上海，立刻就成为社交圈里的领头人物。到了上海之后，在唐瑛、江小鹣、翁瑞午等好友的引逗下，小曼迅速成为著名票友，且捧角不遗余力。小曼没孩子，久而久之便移情戏班的一批小演员，其中，袁美云、袁汉云姐

阳光少女袁美云

妹便是小曼力捧的对象。婚后陆小曼陪徐志摩回家探亲，特别带上袁氏姐妹陪同，到了碻石，还不忘搭个戏台子，痛痛快快唱个三天三夜。袁美云和王引结婚后，也依旧在陆小曼的府邸出入自由。最著名的奇趣故事是：袁美云要打麻将，王引不忍阻止，闲极无聊，只好去舞厅坐冷板凳；袁美云打完回家，见王引不在，怕男的回来看到自己独守空房，脸上无光，便叫一辆黄包车拉自己到陆小曼家，与干娘一起抽几口鸦片。她们都是上海滩最拉风的女子，以自己特有的方式，在灯红酒绿烟雾缭绕中如鱼得水。

袁美云的电影生涯，起首就是"本色演出"。1931年，她参演天一公司的片子《游艺大会》，唱京剧《游龙戏凤》一折，惊艳众人。1932年，15岁的美云出演电影《小女伶》。这部片子完全是为她"量身定做"的，故事几乎是袁美云的自传：出身寒微的小女孩小琳，被卖到戏班，很快唱红……扎实的戏曲功底，让袁美云的电影表演，更加传神、清透、伶俐。1933年，袁美云演《中国海的怒潮》，扮渔家女阿菊，也非常贴合她的形象气质，走玲珑的江南小美女路线。30年代初的上海，是左右翼并行的风云时代。袁美云从天一公司跳槽去艺华公司后，艺华为了迎合时代潮流，既安排她演一些偏左的硬性影片，比如《凯歌》《逃亡》，也安排她演一些情爱的软性片，争夺小市民市场。其中，最著名的要数那部被左翼文人猛批为"无时代责任"的《化身姑娘》。

袁美云来到上海滩，天不怕地不怕，就是一个撞。她是少有的"左"和"右"都吃得开的演员，左翼电影让袁美云成了电影中的婢女、农家小妹，淳朴得好似乡间的一片池塘。但从《人间仙子》开始，在殷明珠丈夫但杜宇的谋划下，袁美云又开始"右转"，以一种"肉感"形象出现。年少无知的袁美云拍下此片，后悔不迭，她后来也表示，痛恨但杜宇，"他欺骗年轻的我，伤了我老父的心"。但毫

袁美云（右）《化身姑娘》剧照

无疑问，《人间仙子》帮助袁美云拓宽了戏路。她那颠覆性的角色塑造，一下激起了大众的兴趣，大家把袁美云捧得高高的，几乎盖过了胡蝶的风头。艺华公司一看有利可图，赶紧"量身定做"，于是，4 集连续的著名影片《化身姑娘》出现了。

袁美云同周璇合演《化身姑娘》的时候，周璇刚进电影圈一年，演戏不是很挑，什么片子都拍。袁美云也是天不怕地不怕。这部《化身姑娘》，最著名的镜头，是周璇和袁美云的吻颊戏。如此一幕，别说后来《庐山恋》里破天荒一吻跟它比是小巫见大巫，就是放到现在，也不失为一件可供人遐思的风景。《化身姑娘》里，因为老太爷渴望得到孙子，袁美云扮演的孙女莉英只好被打扮成男孩，化身为守本被送回上海。回到上海后，莉英一会追男人，一会被女人倒追，闹出许多喜剧。这种雌雄同体、男扮女装的角色，在中国戏曲里很常见，但放到电影里那么一演，就给后来的学者留下了许多余地，两性同体、同性亲密、易装趣味等标签不小心就被贴过来了。

袁美云向来爽利，演出这部片子，她还不忘穿上电影里的男装，去照相馆拍照留念，而丝毫不怕被人视为女同性恋。不过，《化身姑

袁美云《化身姑娘》定妆照

娘》的编导选择袁美云出演也确实眼光独到。袁美云的确是有些男孩子气的。据陈定山《春申旧闻》提及，一次，袁美云跟养父去吃酒席，一碟醉虾不小心被打翻，众人躲闪，生怕溅到身上，只有袁美云冲上去猛吃，随口大叫：抢虾抢虾，谐音暗合江浙菜里的"炝虾"，妙趣横生。袁美云在银幕上的女扮男装并非独此一份。1944 年，也是和周璇合作，袁美云拍了卜万苍导演的《红楼梦》。在片中，她反串贾宝云，周璇演林黛玉，郎才女貌，以假乱真。

袁美云不是没经历过狂风恶浪。和阮玲玉一样，上海的小报也没放过袁美云这个绝佳标靶，作为早期明星制度的宠儿，大众传媒捧起了袁美云，也理所当然在她的私生活方面狠劲挖掘材料。袁美云的出身，袁美云与养父的矛盾，袁美云的亲娘与养父的矛盾，以及后来袁美云与王引的恋爱，都滋润着许多人干渴的八卦心，但袁美云自己却被淋得一览无余。隐私的无限放大，是做明星的代价，袁美云迎来送往，不言不语，没有去自杀，也没有申辩，只是静静地，等待雨过天晴。她的应对策略，不是强对强，硬碰硬，面对外界的侵扰，袁美云不理不睬，惹不起，可我躲得起。她知道，所谓人言，从来不是万古长存的，只要有定力，总能熬得过去。1946 年，袁美云因为吸鸦片被捕入狱，虽然有大律师章士钊为其辩护，最终还是被判刑 6 个月，如此"丑闻"，若换成其他女星，可能根本扛不起，但袁美云好就好在韧性足，进去，出来，她还是她，并没有消沉，南下香港，依旧做她的电影。

抗战爆发后，上海这块地方，租界成了文人的孤岛。相对严苛的环境，使得左翼电影出品困难，带有讽喻意味的历史剧大行其道。因为有京剧功底，袁美云在孤岛时期风靡沪上，一举成为银幕上的"四大名旦"，她演的古装历史片《西施》，在大光明电影院和大上海电影院重磅上演，风靡一时。1941 年，联华影片公司改编巴金的畅销小说《家》，四大名旦袁美云、陈云裳、顾兰君、陈燕燕一齐上阵，好一个大卡司！太平洋战争爆发后，上海沦陷，电影业一片萧索，袁美云又加入"中联"，半下水几部娱乐片。抗战胜利后，袁美云南下港岛，也拍了《欲望》《国魂》《风月恩仇》。她也曾自办公司，投身商圈。1948 年之后，一次甲状腺手术的小失误，让袁美云声带受损，无奈告别影坛。袁美云和陆小曼有点很相似。她们都极有天赋，陆小曼十几岁就精通多门外语，在社交场合大放异彩，但却一味沉溺，直到徐志摩去世后，才幡然醒悟，奋起直追。袁美云也是少年成名，但在私人生活上，却和干娘陆小曼一样，抽烟、打牌，逐渐消沉。好在袁美云还有家庭，繁华落尽，家庭依然是她温暖的堡垒。

袁美云俏丽乖巧，自然有很多人追，但不像阮玲玉等一些悲剧女星那样恋爱坎坷，袁美云的情感生活，一如她的为人，简单清爽，一如她的电影，仿佛一出喜剧。她找的也是同行，对外公布的恋人，也只有硬派小生王引一人。在艺华拍戏期间，他们一个是头牌男角，一个是当

袁美云和王引

红花旦，相恋自然而然。他们的相遇与动心，特别像通俗言情小说里出现的桥段：袁美云拍戏跌落地下室，王引奋不顾身勇相救。这种"救"，显然不是千钧一发、危险度极高的，但用来虏获美人芳心，似乎已经足够。袁美云的婚姻，也受到了家长的阻拦，但和宣景琳与王六结婚时遇到的门第阻拦不同，袁美云的生母和养父，也只是想趁嫁女儿的机会，弄点钱而已。金钱条件满足后，一切顺遂，皆大欢喜。袁美云差点成为悲剧的嫁人之路，瞬间转为喜剧，从此，琴瑟和鸣，白头偕老。

在婚姻中，袁美云与王引是相敬如宾，在围城里，想必他们也有争吵，也会爆发危机，但所有的困难，在聪慧的袁美云那里，似乎都不是问题，她总能摆平一切。抗战、南下、创立公司、辅助丈夫、生儿育女、四处流转，银幕之下，袁美云依旧驾轻就熟，一切顺手拈来，阳光普照，大地花开。她仿佛一个体操选手，因为身怀技艺、经验老到，所以表演起来别人看着惊心，自己却是坦荡如履平地。即便是在香港做甲状腺手术时，袁美云也还是喜剧的：医生哼唱京剧稳定她情绪，唱到阿是处，袁美云忍不住喊，哎呀你唱错一个字，医生手一抖，一代名角的好声带没了。看家的本事毁了，袁美云也没有哭天抹泪，而是转身退居幕后，辅佐丈夫成功。银幕铁汉王引的演艺事业，在袁美云的辅助下，走得很长，台湾第一届和第九届金马奖，他都是最佳男主角。他们的相守，也伴随着世事的变幻，稳稳当当地走迈向金婚。晚年王引身体不好，患脑血栓，失去自理能

袁美云风情万种

力，袁美云悉心照料，他的右手总是抓着她的左手。她真正做到了"执子之手，与子偕老"。

袁美云的后半生搬迁过许多地方，在外漂了许多年，改革开放后回到上海，她避开了风雨雷电，隐姓埋名，只求安稳人生。晚年的袁美云四世同堂，当初的"贾宝玉"，熬成了老祖宗，也算圆满。谈及表演，袁美云说："在开莫拉（摄影机）前演戏，一定不能情感过火或不够，甚至处处都得注意态度的自然。一个电影演员的表演是不能有丝毫勉强的，一切都得和日常生活一样，否则就不堪设想了。"她的一生，也仿佛和她的表演一样，拿捏有度，自然而然，行云流水。袁美云像一段沉香，点在水盅里，氤氲缭绕，韵味悠长。

惊魂 · 飞扬与安稳【@徐来】

徐来被誉为"标准东方美人"，杏眼樱唇，身材玲珑，瑞丽、秀美，仪态万方，精致得仿佛瓷做的。她的名字取得也好，徐来，"清风徐来"，还没见到真人，光听名字就能感觉到一种爽利，仿佛夏天在山间，坐在大柳树底下，旁边有清澈的小溪水，一阵风来，闭眼，全身清爽，再一抬头，迎面来了个女子。若是在电影中，这女子差不多就得徐来来扮演。徐来不像胡蝶有一对显著的酒窝，也不像阮玲玉有一双媚眼，徐来是中正的，一切都刚刚好，低头，抿嘴，微笑，让人无可挑剔，她是东方传统美女的代言人。

徐来的美貌，是她人生最好的通行证。徐来出生在上海，家境小康，但后来家道中落，她一度还做过工厂做过女工。她18岁时考入中华歌舞专修学校学习歌舞，并随后和黎锦晖一起办美美女校、中华歌舞团（明月社）去南洋演出，

徐来的五官很精致

打开了自己的演艺之门。因为美貌，徐来在上海滩的社交圈渐渐有了名气，风头一度很大，明星公司三巨头之一的周剑云觉得她是可造之材，便把她请去明星公司，作为胡蝶之后的第二台柱女演员，拍了电影《残春》，就此一炮而红，成为上海滩风头很劲的女星。而后，她再次因为美貌，吸引了高级将领唐生明，从而离开影坛，开启了属于自己的阔太太式的人生。乍看上去，徐来的人生，似乎并没有多少坎坷，她的每一次转身，美貌都是她强大的后盾，男人们自觉地成为她的帮手。她穿着旗袍，化着精致的妆容，一步一步走入人海，男人们便自动让开一条道，供她专用。

徐来的一生，只拍过8部电影，但这并不妨碍她成为上海影坛的红星。她拍电影，完全是无心插柳柳成荫，与其他需要靠电影养家糊口的女演员不同，徐来进入电影界，很有点玩票的意思。黎锦晖的明月歌舞团被联华影业收编，成立了联华歌舞团，王人美、黎莉莉都转战大银幕，跻身名演员行列，作为明月社的老板娘，徐来的进入影坛，是有点"姗姗来迟"的。明星公司为了和联华竞争，才不失时机地引进徐来这个社交场上的风头人物。徐来不缺钱，她的爱人黎锦晖作为中国流行歌曲的奠基人，光靠写歌，每个月的收入就有1000多元，"可以买下一条街"。她进入明星公司之后，每月也有100元，后来涨到200元。徐来从影，很有种阔气风范，由于影迷的来信太多，她索性聘用了一个女秘书，帮她处理信件，而且她还是继杨耐梅之后，第二位拥有私人小汽车的女明星。

标准美人徐来

　　徐来仿佛一件美丽的屏风，摆在哪里，都是一道不容忽视的风景。进入明星公司后拍的《残春》，几乎是一个徐来她"量身定做"的片子：富家少女金梅丽（徐来饰演），天生浪漫多情，进入大学读书后成为校花，与学校的足球健将赵成俊恋爱。婚后，金出轨，恋上了另外一位青年叶少平。叶觊觎金的财产，百般讨好，金梅丽便与丈夫离婚，与叶结婚。不久，金梅丽发现了叶的不忠，大为震动，遂提出离婚。金梅丽的表兄介绍王律师帮她打离婚官司，其间，王律师尽心尽力，办妥了离婚事宜。官司结束后，表兄向金求婚，金拒绝。她爱上了王律师，主动向王表白，并愿意用自己的全部财产充作王律师妻子离婚后的赠养费，王律师拒绝。金梅丽爱情理想无法实现，遂以身殉情。这部多角恋爱的片子，非常契合当时都市人的观赏口味。而且，在这部片子里，徐来还破天荒地演了一个"出浴"镜头，尽管不是真裸，但是背部裸露的效果已经达到，再加上公司的宣传，小报的热炒，徐来的名气一下就起来了。

　　美貌与裸露带来的名气，很快就让徐来感到了苦恼，跟许多美女演员一样，在美貌和演技之间，人们总是容易把她们定位在前者，

徐来出浴剧照

一个美丽的"花瓶"。小报的流言与诋毁，让徐来自出道以来，就是"毁誉参半"的。她被人叫做"木头明星"，意思是演技呆板，只是凭美貌上银幕罢了。徐来苦恼着，她也想像自己的好姐妹阮玲玉那样，在电影事业上有所突破。随后，标准美人徐来演了《泰山鸿毛》《华山艳史》，也演了《到西北去》《路柳墙花》《女儿经》以及《落花时节》，一直到拍了沈西苓的《船家女》，徐来才以一个繁华落尽的太湖船家女的形象，为自己的演技正名。只是，阮玲玉的忽然自杀，给了她很大的触动。她忽然害怕起来，也忽然明白了点什么。据说，在吊唁完昔日好姊妹阮玲玉之后，徐来一病20多天，病好之后，仿若脱胎换骨。繁华背后，一地颓唐，光鲜的娱乐圈，巨大的争议，会将一个女人带向何处？徐来决定改变生活状态，过安稳的人生。

徐来的感情生活，很明确地分为两段，一段与书生，一段与武将。她和黎锦晖，是艺术的结合，奠基于理想的追求。徐来是不拘一格的，她爱黎锦晖，但也只是崇拜的爱。他比她大了18岁，她和他的女儿是同龄人。他们是师生恋。1928年，黎锦晖带中华歌舞团下南洋演出，后遇波折，有几个团员和他一起滞留新加坡。根据新加坡法律，孤男寡女，同处一室，不合规矩，有人提议说徐来干脆冒充黎团长的妻子，另一个女孩钱蓁蓁，则改名黎莉莉，当起了黎的养女。当年的顺水推舟，弄假成真，徐来便这样成了黎锦晖的

回眸一笑百媚生

第二任妻子。老夫少妻，黎锦晖对徐来是宠爱的，在他面前，徐来的每个动作、每次娇嗔，大概都是可爱的。据王人美回忆，黎锦晖买了汽车，为了讨徐来的欢心，特地花几百块去买了个"7272"的汽车牌照，只因为按照乐谱发音"7272"和上海话"徐来徐来"谐音。

黎锦晖不理财。王人美在回忆录中说："黎先生从不贪财，也不善理财，可是，他经常处于经济困境。一方面，他要维持明月社，维持一个几十人的歌舞团体不是件容易的事。"他靠写歌赚钱，30年代初，他写的《毛毛雨》《桃花江》都红极一时，传唱度极高，还因此"树大招风"，被人点名批评，认为其与时代精神不符，麻醉人们意志。其实客观来看，黎锦晖写的也只是都市文化环境里比较容易出产的爱情歌曲，无伤大雅，传唱起来，也是必然。那时候黎锦晖光靠写歌，就能有稳定的收入，每月1000多块钱基本能支撑起徐来阔太太的日子。可是，热心于做歌舞团的黎锦晖，很快又会把写歌的收入消耗掉，最糟糕时可能还要徐来贴补。而且，黎锦晖的生活也比较阔绰。据王人美说，1935年前后，黎先生还抽上了鸦片烟，不能自拔（也许因为情伤）。这些都为徐来和黎锦晖的夫妻生活，增添了不稳定因素。

黎锦晖是一个缔造者，他追求的，是现代都市艺术的创造，中国的流行音乐正是在他手里有了雏形。黎锦晖是漂泊的、艰辛的，不断在生活的历练中寻找创作灵感，这种激情与执着，徐来在20岁的时候，可能会表示钦慕与追随，但随着年纪的增长，她不能不考虑归宿问题，在阮玲玉去世过后，她越发渴望一个强大、温暖、完整的家，偏偏这一切，是黎锦晖不能提供给她的。徐来对于黎锦晖，很可能是崇拜多于爱。黎锦晖的才华与追求，以及对艺术的执着，都曾像一道绚丽的霞光，笼罩着徐来的世界，可这种笼罩是不持久的，当黑夜来临，霞光退去，徐来少不了会觉得有点冷。

当崇拜的殿堂渐渐倒塌，外界的流言乘虚而入，他们的感情则无可避免地出现裂纹，徐来慢慢明白，眼前的这男人不是万能的，他的成熟、谙于世故，让他失去了年轻人的那种勇气；歌舞团去全国巡演，遇到流氓地痞的欺侮与敲诈，他也会选择"瓦全"，小心退缩，这是中年人的生存智慧，但在年轻的徐来看来，却未必是男子汉的表现。徐来对黎锦晖办歌舞团不满。而其明月社崛起的新秀们，与"老队员"徐来也形成鲜明的对比，她的歌舞没有她们好，明月社"四大天王"王人美、黎莉莉、薛玲仙、胡笳名震京津，后来更是有了周小红（周璇）这样的新秀小师妹，徐来落后了。而且，黎锦晖也说过，徐来的歌声不是那么好听。这些都让她多少有些自卑的情绪，她怅然无奈，是有些负气的。这个时候，原本就环绕在她生活中的唐生明再度出现了。曾经，她未必那么注意他，可是，在婚姻生活的种种不如意的情况下，徐来一下"发现"了这男人。

唐生明出身豪门，他的哥哥唐生智是国民党高级将领。而出身大富之家的他，也养成了一种花花公子做派。唐生明风流倜傥，一掷千金，他是那种有点小邪气，有点流氓作风的男人，他的正义感和事业心，往往是隐藏在这些浮华的表象之下的。唐生明很早就知道徐来，他们都是湖南人，明月歌舞社的表演，唐生明没少去捧场。那时候，徐来对这个流里流气的男人可能并无多少好感。那时候她简单、执着，不谙世事，那时候她还没嫁给黎锦晖，那时候他也不是什么国民党的高级将领。可是，世事多变，对人的感觉，也仿佛黄浦江流水，每日颜色都会不同。再相逢时，唐生明成了国民党的中将，徐来成了大上海的当红明星。

徐来与唐生明的结合，一是有爱，基于对前一个男人的失望的爱，同龄人之间的爱；第二，她也想找寻找一个坚实的依靠、安稳的人生。他们是在对的时间，遇到了对的人。据说，在唐生明追求徐来的那段时间, 黎锦晖收到过匿名信, 信里夹着子弹。更雪上加霜的是, 徐来和黎锦晖的女儿小凤, 也在这个时候生病离世。黎徐的感情, 走到了边缘。徐来安葬了小凤, 便离开了家, 与唐生明同居了, 和黎锦晖的官司, 交给律师办理。她无力过问。

黎锦晖一生有过三次婚姻。第一次婚姻, 赐予了他一个宝贝女儿黎明晖; 第二次婚姻, 是一次华丽却最终失败的冒险。曾经的沧海, 如今的平淡生活, 黎锦晖终于从他的青春期醒来。据说离婚时, 黎锦晖把家里的房产、汽车、钢琴等都给了徐来。"文艺中年"的婚姻失败, 给了黎锦晖巨大的精神打击, 人生就此跌至谷底, 他开始抽鸦片, 很有些"借酒浇愁愁更愁"的意思。剧社也办得不是很理想。好在这个时候, 一个叫梁惠芳的女人来到了他身边, 伸出双臂, 给他温暖抚慰, 与他携手走入婚姻围城。他曾经为爱奋不顾身, 如今, 好在也有人为他奋不顾身。

1935 年, 是徐来生命中一个痛苦的转折点。婚姻破裂, 爱女夭逝, 旧人离去, 新人到来, 徐来需要时间来适应, 来调整心情, 好好想想未来的路。她迷惘彷徨, 心力交瘁。拍完了《船家女》, 她终于在事业上有了小突破。可随之而来的, 却是好姐妹阮玲玉的自杀。徐来懵了, 她感慨道: "一个有了顶高地位的艺人, 她的结局竟是这样, 自己也不高兴再干电影了!" 她过够了漂泊的日子, 毁誉参半的生活, 她第一次想要定下来, 稳稳当当地定下来, 过一种普通又富足的生活。她褪去戏服, 摘掉光环, 嫁给了唐生明, 做起了唐太太。唐生明娶了徐来之后, 收心敛意, 花花公子居然脾性大改, 不再出去寻花问柳。或许, 他爱徐来, 从来都是比徐来爱他多一些。他们在一起生了四个孩子, 徐来终于找到了理想中的家: 一个忠诚又富有的丈夫, 几个活泼可爱的孩子。

徐来平静的日子并没有过几年。徐来的豪门生活, 出乎许多人

的意料。1940 年，当她陪着丈
夫唐生明从上海去到南京的时
候，估计她自己的心也颤了几
颤。婚前她可能不知道，唐生
明的身份太特殊了，因为独特
的家族关系，唐生明在国民党、
汪伪、日军等势力之间，是个
微妙的桥梁式人物。唐生明成
为国民党在汪伪政权的"卧底"，
汪伪政权也热情地拥抱了这个
特殊人物。到了南京之后，唐

徐来也是酒窝美人

生明做的是高官，住的是洋房，而他的太太徐来女士，自然也就成
了高官太太社交圈必不可少的人物。徐来的南京岁月，是华丽的，
但又是惊心动魄的。她穿梭在牌局和饭局之间，与各路政要、太太
们周旋，偶尔还能弄到个把"重要情报"。此时的徐来，是太太，也
是谍报人员。嫁给唐生明的时候，徐来可能想不到，自己会有这一
天。一人分饰两角的痛苦，提心吊胆的日子，被认为是"汉奸"的
压力，恐怕都不是她当初想要的，也未必是她能承担的，可是，这
一切，她必须接受，人生，没有什么绝对的安稳，那么，也唯有在
暴风雨中舞蹈而已。

　　婚姻之内的徐来，也许从来都不愉快。第一段婚姻里，她曾经
为爱勇敢，又因为不勇敢而退缩。第二段婚姻，她追求安稳与平淡，
却终究因为政治风云的变幻，而一下子深陷其中，无法掌控命运。
抗战胜利后，徐来和丈夫唐生明迁居香港。1956 年，他们听从祖国
的召唤，回到北京定居。"文化大革命"开始后，因为个人"复杂的
历史"，唐生明夫妇受到冲击，唐生明熬了过来，徐来却死在狱中。

徐来的人缘很好。嫁给黎锦晖的时候，黎锦晖的女儿黎明晖，可以
说和她是同学。黎明晖对这个后妈并无多少怨言。当明星的时候，
徐来的小师妹王人美也说她心地善良。黎锦晖后来的子女，提起徐
来，也都客观淡然。唐生明一生挚爱徐来。1981 年，唐生明再次看
到了徐来的电影作品《船家女》，他泪流满面。

　　徐来去世后，唐生明曾说："她实在是一个难得的好女人！"好在
哪？水中鱼，鞋中沙，其中的牺牲与成全，不足为外人道。徐来不
是一个有大志向的女人，她演电影、息影、离婚、嫁人，也只是为
了一点富足、平凡的生活。可是，在围着男人转、跟着男人走、在
男人身边寻找幸福的几十年里，她得到了吗？也许，所有的幸福，
都有咬牙坚持的成分，只是，朝哪个方向坚持，就要看自己的选择
了。爱吗？很爱。痛吗？很痛。这就是生活，也是人生。

也曾无忧无虑的徐来

缠绕 · 家的梦魇【@周璇】

　　周璇最动人的特点，在于朴素。也正因为这种朴素，她一下从当时上海滩上各类妖艳的歌星，或是浓艳的影星中跳出来了。她贫寒的出身，颠沛流离的经历，天真的性格，踏实的人生态度，都让她成为那一代明星中很独特的一个。据说不化妆的周璇，黑黑瘦瘦，脸色蜡黄，很不起眼，但一化上妆，走到镜头前，她身上的那种纯净与素朴，一下子便被放大了。她是标准的邻家小妹，梳着辫子，一脸的天真和顽皮，然而又有种蓓蕾初绽的秀美。她是天涯的歌女，马路上的天使，穿着极简朴的衣服，闪着一双明眸，张嘴就唱：天涯啊，海角……周璇很能给人一种亲切感，她不是那种高高在上，遥不可及的女明星，她能给人一种"天涯若比邻"的贴近。她是上海市井随处可见

周璇气质高雅

的小妹，天真、善良、俏皮，仿佛你早上打开门，走到四马路上去，路上卖报的小姑娘就是周璇；你去茶馆喝茶，馆子里唱曲的就是周璇；你去电影院看电影，门口站着卖东西的也是周璇。她那一张脸孔，让你觉得似曾相识，但却又能轻轻松松从这些大众里跳出来，独树一帜。

　　周璇像一件清雅的淡蓝色阴丹士林布旗袍，代表民国上海一种最素朴的姿态，她主打的是天然神气，她是嘴不点而含丹，眉不画而横翠，她甚至会有些少女的羞涩与慌乱，但这恰恰是美的一部分。昏天暗地的酒与烟，是周璇不喜欢的，她唱着《夜上海》，"华灯起，车声响，歌舞升平"，但这却不是她的追求，她过着夜生活，终究也只是为了"衣食住行"。周璇的朴素，是缝在乱世的镶边里的，是一起腔，一上调，就能唱到你眼里含泪的那种。相比于繁华躁动的大上海，周璇是静的，她是夜上海的繁华躁动下的一条潜流，冰凉冰凉，一下就能滋润你疲惫的心。她是混杂的世俗世界，捧出来的一朵花，融入人世，充满人间气味，也格外脆弱。

　　周璇崛起在歌舞，大红于电影，而在电影中，她又屡屡唱出金曲。

天涯歌女周璇

她是民国女星中，少有的歌、舞、影三栖明星。1931年，年仅11岁的周小红，在别人的介绍下，进入黎锦晖的明月歌舞社学习歌舞。在明月社，她几乎是最小的一个，黎明晖、王人美、徐来、黎莉莉、白虹等一批大姐级学员后来都在电影中有所建树，但在歌唱的道路上，周璇无疑是走得最远的。1932年，"一二八"事变爆发，周小红在明月社的演出中，以一曲《民族之光》惊艳众人，尤其是那一句"与敌人周旋于沙场"，直唱得人热血沸腾。黎锦晖灵机一动，替周小红取了"周旋"二字，再加个斜玉旁，带点女性色彩，有美玉的意思，自此，一代歌后周璇横空出世。周璇的声音，和旗袍、老街道、月份牌以及张爱玲的文字一样，是老上海留给人们的重要名片。周璇是"金嗓子"，她的歌声极具有穿透力，仿佛是从肺腑唱出来，也娇也嫩，但绝不是靡靡之音，内里还有气骨在。周璇的声音很纯粹，仿佛一块毫无瑕疵的美玉，放在丝绸上，放出圆润的光。

对于艺术和歌唱，周璇始终执着追求，有"月样的精神"：无论遭遇多少困难，只要坚持，总有云开月明的一日。她在歌舞团时，年纪最小，最不起眼，入行也最迟，而且她没有读过什么书。但周璇的求知欲很强，也很用功。为了练歌，天色微白她就起床，到空地上吊嗓、练唱。她用自然发声法唱民歌，虽然足够婉转悠扬，但音域却偏窄，与西方的美声唱法比，缺少了一种震撼力量。周璇为了中西合璧，四处求教，还曾拜在一位美籍歌唱家门下，一周去听两次课，风雨无阻。所以说，周璇在歌唱上的成功并非偶然，而是天赋加勤奋的结果。联华公司成立后，明月歌舞团并入联华，成为联华歌舞团，而后，联华电影公司财务出问题，歌舞团解散，几大台柱王人美、黎莉莉等纷纷转型迈入影坛，周璇却一直坚持着歌唱事业。那时候，周璇有点像现在的"通告艺人"，跑电台，唱现场，一唱就是几十分钟，辛苦，但也满足。1933 年，在上海各电台联合举办的歌唱比赛中，周璇取得亚军，仅次于师姐白虹，位列上海十大歌星。不过，有趣的是，当年的十大歌星，除了李香兰和白光在后世还有点名气，其他歌星大都淹没史海，唯有周璇的声音留了下来，她的声音是"如金笛鸣，沁入人心"，是老上海的余音绕梁。

周璇走入电影界的时间相对比较晚。在丁悚和龚之方的介绍下，她 1935 年才开始在电影中出演角色。她演过《如水流年》《红楼春深》和《美人恩》，还在艺华的软性电影《化身姑娘》中和袁美云演过对手戏。那惊世骇俗的同性之吻，到现在看来还是"有意味的形式"。由此也可以看出，在电影这件事上，周璇失去了她对音乐的那种掌控力。她有足够的名气，来作为影片公司的噱头，来号召票房，即便是在后来她最红的时候，她自己有权力挑选电影本子的时候，她也没能拍到适合自己的电影。不知周璇在进入电影界的最初，为何会与文艺气质最重的联华公司擦肩而过。如果一开始她就能像王人美、黎莉莉那样，演到《渔光曲》《大路》《体育皇后》这样的影片，她的电影生涯可能又是一种格局。好在 1937 年，周璇终于等到了一部属于她自己的电影——《马路天使》，弥补了她影坛生涯的遗憾。

弄堂、吹鼓手、卖报人、理发师、失业者、小贩，还有天涯的妓女和歌女，《马路天使》无疑是现实的写真。周璇在这部电影里，本色演出，她的人生与剧中人物的人生，无限地靠近、重叠……她曾经叫小红，剧中人物也叫小红，她曾经流落天涯，剧中人物也是

马路天使周璇

孤苦无依，那种寥落的心情、悲观中怀抱着的希望，让周璇仿佛在电影中找到了自己。她在电影中献唱几曲，《四季歌》《天涯歌女》，一出现就成为经典。《马路天使》的成功，让周璇的歌唱事业更上一层楼。一影一歌，仿佛周璇的两个翅膀，扑腾扑腾，迅速造就了她在演艺圈的盛名。1941 年，《上海日报》发起电影皇后评选，周璇当选，但

她却全然看淡，第二天就发表启事，推辞影后之名。周璇一生拍过40多部电影，堪称高产，但她自己满意的作品却寥若晨星，抗战胜利后，有人问起她这些年都拍了什么影片，周璇忧伤地说："不要提了，没有一部我喜欢的戏——我这一生中只有一部《马路天使》……

电影生涯给周璇带来了声名，也带来了不幸。1938年秋天，周璇加入了干爹柳中浩的国华影业公司，开始帮助柳拓展事业。周璇成了柳中浩的摇钱树。在国华期间，周璇经历了流产、夫妻感情的损毁等一系列波折，还在三年中，一口气拍了18部电影。有时候为了跟其他公司竞争，抢进度，柳中浩甚至连续多天把摄影棚锁起来，拍完才放周璇离开。此时的电影对于周璇来说，已经成了一项机械的工作，而不是艺术的追求或是享受，她心力交瘁，并且开始被迫接受"药物保健"。"孤岛"时期，在柳老板的示意下，周璇在刚流产不久、身体极度虚弱的情况下，一周时间拍完《三笑》，被传为影坛奇闻。原来，为保拍摄进度，老板吩咐每天给周璇打一针"牛肝精"。后来她总是头疼，跟这段时间的药物注射也有很大关系。上海沦陷后，周璇深入简出，不再拍片，直到1943年才复出"华影"，拍了卜万苍执导的《渔家女》，轰动上海。抗战胜利后，周璇去香港拍片，演了《忆江南》等片子。1950年，周璇从香港回到上海治病，第二年，她的病情有所好转，电影厂找她拍《和平鸽》，但无奈她中途病情发作，只好停演。

作为女明星，周璇的一生，可以很明显地分为两个层次。银幕之上，她光芒万丈，受万人追捧，可是，银幕之下，她又是女星中少有的凄悲者。她只是一个普通的女孩子，即使在名声最盛的时候，她也谦和低调，温柔和善，对于私人生活，她始终追求两个字：正常。她只是想要一个正常的家庭。这家庭里有严父慈母，互帮互助的兄弟姐妹，而后，又有爱她支持她的丈夫，可爱的孩子，其乐融融，过简单平凡的生活。可是，盛名之下，在各种力量的撕扯下，周璇简单的家庭理想，几度成为泡影。周璇一辈子在寻找"家"的幻境。

周璇最耿耿于怀的，是自己的身世，她一直在苦苦寻找自己的亲生父母。1941年，她给《万象》杂志写《我的所以出走》时说："我首先要告诉诸位的，是我的身世。我是一个凄零的女子，我不知道我的诞生之地，不知道我的父母，甚至不知道我的姓氏。当我六岁的时候，我开始为周姓的一个妇人所收养，她就是我的养母。六岁以前我是谁家的女孩子，我不知道，这已经成为永远不能知道的渺茫的事了！当然，我的原姓决不会姓周。"

幼年时，周璇的家不像家。因为娘舅的荒唐，她从一个完整的家中漂流出来，被转卖到上海一个"广东阿三"家做养女。她的养父叫周留根，在上海英租界工商部当翻译，养母是个唱粤剧的女戏子邝凤妹，她被取名为周玉芬，小名小红，她希望这个女孩以后能走上演艺道路，完成自己没能走红的遗憾。幼年的家在周璇心里从

周璇小时候

来不是温暖和煦的，幼年的家像上海的黄梅天，滴滴答答下着雨，滴到人的心里去。她不明白父亲的反复无常，母亲的时冷时热，也不知道为什么在父母眼里，她总犯错。家道中落，父亲丢了工作，她只好和周太太一起去做零工，补贴家用。她还险些被卖去青楼，坠入火坑。在那个家里，周璇知冷知暖，她原本以为，一切只是生活对她的考验，但当她无意中得知自己并非亲生女时，她惊愕了，而后她似乎明白了一切。幼年

的家对周璇来说是个噩梦，一觉醒来，她出了一身冷汗，哭过痛过后，她穿好衣服，走出了那个家。

明月歌舞社曾经是她的家。1931 年，邝凤妹的妹妹，把周小红介绍进明月社当学员。琴师章锦文为周小红的歌声所感，邀她加入了明月社。在家庭之外，周小红第一次有了可以皈依的集体。在这里，她学习唱歌，结了许多好姐妹，她还有了新的名字：周璇。她跟着其他学员上台表演，唱出自己的精彩，转瞬之间，她的生命忽然打开了。明月社对周璇来说，是个人生的大转折，也是个不错的台阶，它就像桃花源的入口，周璇不小心走进去，豁然开朗，看见了更广阔的天，这一年，她才 12 岁。她有些羞涩，有些腼腆，她是那么不起眼，进社第一天，她开口唱了一支江苏民间小调："我有一段情呀，唱拨拉诸公听呀，诸公各位静呀静静心呀，让我来唱一支江南景呀……"

严华曾经是她的家。不能否认，如果没有明月社的"桃花太子"严华，就没有后来叱咤歌坛的周璇。严华比周璇大七八岁。他白净魁梧，一张方

周璇与严华

脸，高高的鼻子，头发有点卷，眼睛里时常带着笑意。对周璇来说，严华曾经是一片天，很大一片。他看上去很贵气，又似乎什么都会，他教她识谱、弹琴，练习国语。据说每次见面时候，周璇一开说出个"侬"字，严华立刻伸出手指，挡在唇边，周璇立刻笑呵呵"承认错误"——她得跟他说国语，叫他"严先生"。他是她的老师，也

是少女们心中的偶像。在年幼的周璇心中，他是一个无所不能的大哥，有困难，不用说，找严华就对了。而他，也确确实实像一把巨大的保护伞，为周璇撑起一片宁静的港湾。任凭外面风雨琳琅，执子之手，就很笃定，勇敢期待明天。

和严华在一起的最初的日子，周璇是安然的、向上的，敢于追逐梦想。严华像一双温厚的大手，稳稳地放在周璇的背后，她无力时，他推着她；她跌坠时，他接住她。明月社解散，周璇愁眉不展，泪滴两颊。严华说，我不会不管你的。他建立了自己的歌舞团，鼎力支持周璇的歌唱事业，他带着周璇跑电台，做演唱，走红过后，又陪伴她一起去录音，去跑各种局、各种场。他们是音乐上的知音，天作的伴侣，周璇能成为"金嗓子"，除了自身的努力外，严华功不可没。对周璇来说，严华是一个梦幻的初恋，带着神光，她对严华的爱，是从他崇高的形象中迸发出来的。他对她有恩，她不能忘怀，她给他写信，表明心迹。他们的结合，是那么惹人羡慕，顺理成章，女的柔弱美丽，男的潇洒帅气。1938 年 7 月 10 日，严华和周璇在北平西长安街春园饭店举行了婚礼。在上海霞飞路，有人看到新婚后严华和周璇，手拖着手，说说笑笑并排压马路。他们一个是淡色的天，一个是深色的地，叠加起来，就是整个世界。

周璇和严华的关系，在周璇走红之后发生了微妙的转变。经济上的差距，流言的散布，彼此间的误会，周璇女性意识的觉醒，都让他们的关系变得艰难。婚姻是一个牢笼，在外面的想进去，在里面的想要打出来。曾经，周璇是严华羽翼下依人的小鸟，可是，渐渐地，周璇有了自己的经济收入，名气越来越大，她出去拍戏，追求自己的事业，免不了要挣脱严华的"保护"。可是，严华对周璇的这种渐行渐远，是不大适应的。他与周璇的关系，在某种程度上，与萧军和萧红的关系很像。女方都是曾经被拯救的，男方则是顶天立地的。但当女方成长起来之后，两性间原有的"平衡"受到了冲击。

他们总是因为一些小事争吵，外人的撺掇，媒体的渲染，让他们的关系雪上加霜。严华的出发点，始终是为周璇着想，他不喜欢周璇的那位干爹柳中浩。柳中浩施加给周璇的大劳动量，在严华看来是不能接受的。他找柳理论，可周璇却认为他这样做是对她的不理解，是

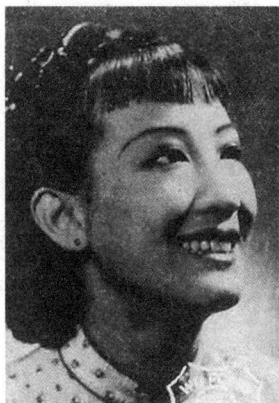

金嗓子周璇

对她工作的不支持。还有绯闻，周璇和男演员韩非"莫须有"的绯闻，也让严华醋意十足。一旦争吵起来，便覆水难收。严华有些舍不得离婚，但闹到这一步，他似乎也没有选择，据说那时曾有人拿枪指着他的脑袋说："离婚小心侬的骷郎头！"他家的窗户，也三天两头被人砸破。他们甚至在签署离婚协议的时候，都没有碰面，一个在浦东大厦的写字楼里签，一个在枕流公寓里签。曾经的生死相依，不离不弃，到如今的避而不见，陌路无语，也仅仅走过了几年的距离。周璇出来了，可等着她的，却并不是一个平静的后花园，她必须走到前台去，接受命运的考验。

1940年，周璇和严华分开后，一直没有结婚。在经历了一次失败的婚姻之后，她对婚姻的态度更加严肃了。作为当时最赚钱的女明星，周璇的私人生活是平淡的，她很少出去交际，日常装扮也非常朴素，朴素得甚至不像个明星。可周璇还是有很多人追，包括绸布店小开朱怀德。但周璇一直定不下决心，犹犹豫豫拖着，他们都不是她欣赏的人。抗战末期，周璇认识了石挥，那时候，他们一个是"金嗓子"，一个是"话剧皇帝"，如日中天。他们互有好感，不久就进入了交往阶段。周璇在日记里写："对这段感情既兴奋又恐惧，

但心里知道这是个能够托付的男人。"他们都像是赶了很长的路，被生活折磨得筋疲力尽，恍惚之间，看到了对方，那种感念，仿佛温泉浸润了冰冷的心。1946 年，周璇往返于沪港之间拍戏，她托石挥照顾家里。石挥总会给她写信，而周璇也尽可能地快些完成拍摄，飞回上海与他团聚。他们还合作过一部电影，叫《夜店》，甚至有传说他们订过婚。可是，一切的美好，还是再次被污浊的环境所损毁，各自的骄傲，让石挥和周璇没能组成一个家。

周璇在香港的时候，总是能听到一些从上海传来的小道消息，大多是石挥的绯闻。当记者采访周璇时，问及感情，周璇也总是语焉不详，一会说自己和石挥只是朋友，一会又说自己有很多男朋友。对于婚姻，周璇是心有余悸的。她不能确定石挥是否能带给她幸福，毕竟他和严华一样，都是骄傲的北方男人。流言弥漫着，一天一天，他们之间的猜忌越来越多，一年后，周璇回到上海，人事全非，再见面时，两人都非常克制，淡淡的，仿佛什么都不曾发生过。周璇一直忘不了石挥。1951 年，周璇进了精神疗养院，她去新华电影院看电影，正好撞见石挥主演的《光辉灿烂》。晚些时候，周璇记下日记："好久没有看见石挥了，他的演技永远使人喜欢。也不知道他人在上海还是在北京，因他告诉我要同童葆苓订婚了呢！很使我难过，当然我愿意他能幸福，我们的友谊之爱决不改变。总之，只有我自己对不起人家，没有别的话好说，永远回忆着，自己难过吧，活该！"

周璇曾经误以为朱怀德能给她一个家。他曾经对她殷勤备至，她拍戏，他去端茶倒水，仿佛小助理；她骑自行车跌坏了腿，他总是小心搀扶；她想吃什么，他立刻想方设法弄来；她的衣装布料，他也能包办；甚至她去香港拍戏，他也能紧紧跟随，不放过体贴的机会。他还帮周璇做投资，让她的存款多了三倍。对周璇来说，朱怀德很像是一个上得了台面的备胎，体贴细致、家道殷实，但他所做的一切，还不足以让她奋不顾身，因为她还有梦，对心目中的那个 Mr. Right 还有期待。可是，当石挥从她的生命中走开的时候，周璇的梦一下破灭了，她不再坚持。朱怀德一如往常地走了过来，她或许第一次看清了他的好，很自然地，周璇尘埃落定。她与朱怀德同居了。或许，也正因为这个长期的备胎地位，让朱怀德在后来，对周璇的态度起了一百八十度大改观。1950 年，周璇大着肚子回到上海，但却没有人愿意认她腹中的孩子，包括曾经对她百依百顺的朱怀德。孩子的亲生父亲，也成为一个谜。

画家唐棣曾给过周璇一个短暂的家。他们结缘于电影《和平鸽》，她是女主角，他是电影广告画画家。这时的周璇，不单单需要情感的慰藉，她对于生活，也有些力不从心了。唐棣的出现，仿佛天边的夕阳，温暖了她最后的岁月。可是他们的结合也很快招来了不幸。唐棣和周璇同居并且有孩子的传闻，在电影届传得沸沸扬扬。周璇不解，打算光明正大去和唐棣结婚。可是，在这之前，唐棣却被莫名其妙地起诉，被控罪名是诈骗和诱奸。最终，他被判刑三年。周璇最后一个家还没能组建起来，男主人公便锒铛入狱。周璇对于家的渴望，彻底破灭。周璇说："我觉得自己意志不定，心又太直，所以害了自己，到今天真是吃足了苦头，一言难尽，不说也罢。"

周璇生命的最后几年，是在不适与疯狂中度过的，个人情感生活的不幸，文艺氛围的突转，都让她感到一种恐慌。1957 年 7 月22 日，周璇去世，她的死因一直为人们所争论，她是民国文艺史留下最多谜题的女明星之一。她卓著的艺术成与悲凄的人生旅程之间，形成了一种奇异对照，对照出一个女人在男人的世界里失败的奋斗史。她始终是一个家的寻觅者，但却终其一生没能找到。

周璇在她的日记第一页上写道：把人家的过错来惩罚自己是世

中年周璇

界上最傻的傻瓜。她没用别人的错误来惩罚自己，但命运，却用一种"看不见"的方式，给了她无数打击。她努力抵抗，站起来，又倒下，仿佛遍体鳞伤的女战士，为了爱的理想，牺牲了自己。周璇一生有过 10 个名字，她曾经叫苏璞，被收养后，改名周小红；在明月社时，她改名周璇，也叫璇子；在香港，她曾用过周英这个名字办银行保管箱业务；1957 年她进精神病院，病历卡上的名字叫周贞。她的不断地"被命名"，也像一曲哀歌，幽幽地唱着她的来路。

离开周璇后，严华告别了文艺圈，转做企业，他又结了婚，有了新的家庭，但他一直忘不了周璇。晚年时，有人找他聊天，他依旧很爱聊周璇。据说他太太听了不耐烦，在一旁说："人家人都死了，还一天到晚周璇。"她是他的一段痴。严华临死前念念不忘："如果我不跟她吵闹，不跟她离婚，小璇子后来就不会那么苦了。"可是，人生没有如果，命运的安排，惨烈又无常。周璇去世后，电影圈许多人都去了，唯独石挥没有到场。过了一些时候，石挥失踪了，再后来，人们在吴淞口的滩涂上发现了他。他跳海自杀了。他从来都是个烈性的男子。他和她，终究没能在一起，却出人意料地死在了同一年。

流转 · "野玫瑰"的成名与不幸【@王人美】

　　王人美身上有股乡野气，她好像一只小野猫，不小心闯入了大都市，瞪着两只眼，东看看，西看看，桀骜不驯，肆意奔跑。她也好像一只清新的芦笋，碧绿碧绿的，点缀在上海滩这盘荤菜上，爽利喜人。湖南女孩王人美，在上海的电影界异军突起，她好像和现代文明毫不相干，但她也不是传统的小姐、太太，她是乡村中国最有活力的一点美，粗犷、淳朴、野性。她又是解放的，她不是乡村中国里被礼教重重裹挟的旧式女子，她没裹脚，也读了点书，有了点追求自由的观念，乡下的守旧她还来不及沾染，便跑到灯红酒绿的大上海。她不细腻，她不是精雕细刻的首饰，而是天真未凿的璞玉，欣赏她的美，还真需要一些胆识。王人美总是笑，咧着嘴，眯着眼，一副没心没肺的样子。她是不设防的，所以她也没有敌人。她仿佛一颗红黑的杨梅，放进杯里，便能泡成一汪杨梅汤，酸酸甜甜，沁人心脾。她是自然的精灵。

　　王人美"野"的原因，多少可以追溯到幼年时父亲的宠爱。王人美的父亲王正枢，是湖南有名的数学教员，曾在湖南第一师范学校任教。毛泽东在湖南师范读书时，王正枢对他很是器重。王正枢

"小野猫"王人美

开明、豁达，不拘一格。他们家的女儿，偷看《红楼梦》不会被管，一律大脚，不会被缠上又臭又长的布。他们家的孩子，被鼓励知识面宽一点，读点书，学点工业，将来好救国。王正枢把大儿子送去德国留学，以期救华。王人美的兄弟姐妹后来都走出湖南，闯荡世界，各自精彩，这背后，父亲早年的开明教导功不可没。他没有给孩子们留下多少财产，但却教会了他们怎么去做一个乐观的人。

王人美成名在歌舞。她从小就爱唱爱跳，爱动爱闹，一块小石子，能被她从家门口踢到学校门口。放了学她也不愿回家，而是黏在操场上，跑步、跳高、走两条铁环吊起来的浪桥。她大胆泼辣，不惧风浪，小时候的玩耍经历，显然给了她不少经验，后来她拍成名大作《渔光曲》，演一个船家女，摄制组随船出海，风急浪高，船身颠簸，好多人头晕目眩，摄影师甚至呕吐得卧床不起，王人美却如闲庭信步，自在安然。王人美也小时候也唱歌，学会一首歌后，她有时拿手打着拍子唱，有时则找来一根筷子几只碗，叮叮当当敲起节奏。大革命失败后，王家人风云流散，王人美和三哥王人艺一起，被二哥王人路送进上海的美美女校就读，校长是著名的黎锦熙先生。王人美入校两个月，美美女校就宣告结束，中华歌舞团

气质淳美的王人美

（明月社）诞生，跟着就是下南洋演出。在南洋，尽管她总是演一些配角，像《三蝴蝶》里的花朵、《葡萄仙子》里的甲虫，但她却成长得很快。所以说王人美的一身歌舞本领，完全是在舞台演出中练出来的，基本功扎实得很。那几乎也是她人生中最无忧无虑的岁月。

王人美红在北平。1930年春，明月社挥师北上，去招生，也顺便开拓北方市场。在清华大学的联华会上，王人美做《三蝴蝶》的主角，扮演吃重的红蝴蝶，一举成名，学生们送锦旗给她们，紧接着，她们又接到了北平真广大戏院的邀请，在五月份公演三天，场场爆满，而后，明月社长驱直入，在北平、天津的各大戏院公演，明月社就此名震京津，王人美、黎莉莉、薛玲仙、胡笳更是被美誉为歌舞"四大天王"。歌舞是王人美从影的底子。后来，明月社并入联华电影公司，变成联华歌舞班，王人美也就顺理成章地从"四大天王"中的一员，转身成为一个电影演员。

导演孙瑜是王人美的伯乐。王人美是顽石一颗，孙瑜一双慧眼，看见了她的真，然后，伸出手指，点石成金。孙瑜选演员，不是说不加了解，光看长相就拍板。联华歌舞班成立后，他就常常去歌舞班看表演，歌舞班去南京等地公演，他也跟随前往。他比王人美大十来岁，很有耐心。1931年冬天，孙瑜正式提出邀请王人美当《野玫瑰》的女主角小凤。"九一八"事变之后孙瑜开始写剧本，年底开拍，拍了20多天，完成于"一二八"事变的炮火声中。孙瑜很注重美感，在《野玫瑰》里，扮演孩子王小凤的王人

王人美《野玫瑰》剧照

金焰、王人美 1934 年结婚留影

美，居然被他拍得那么有韵味。他告诉化妆师，即便是她身上的一个补丁，也不能粗粗糙糙打上去，而要搞得像花朵一样，打在合适的地方，就显得美。他总能抓住底层人身上那种原始质朴的美。他最有诗意的地方，正在于超越了阶级的，对于青春的歌颂。王人美也凭借此片，轻松在电影界站住了脚。她的风格很明确，就是真实、自然，没有装腔作势、忸怩作态。

《渔光曲》把王人美的事业推向顶峰。1933 年春节前夕，明月社解散，赫德路恒德里的社址也退了租，王人美没有地方可住，就搬到二哥王人路家里暂住。王人路家是胶州路 1705 弄 5 号，蔡楚生刚好住在 7 号，是邻居。有一天，导演蔡楚生找到王人美，说自己新写了一个剧本，叫《渔光曲》，想请她演女主角小猫。这个时候，王人美已经与蔡合作过一部《都会的早晨》，算是比较熟，听了这个悲惨故事，一口答应，决定出演。与《野玫瑰》的速战速决不同，《渔光曲》整整拍了 18 个月，1933 年起拍，一直到 1934 年 6 月 14 日才在上海金城大戏院首演。结果，该片连映 84 天，一举打破了胡蝶主演的《姊妹花》创下的纪录。第二年 5 月，片子被送去莫斯科国际电影节参展，又获得荣誉奖，蜚声大江南北。这一年，王人美不过 19 岁。《渔光曲》之后，王人美完全成长为一个艺人，电影对于她，不再是玩票性质，而成为终身的追求，后来，她拍《风云儿女》《壮志凌云》，主演《回

王人美和金焰

春之曲》《保卫卢沟桥》，她银幕生涯很长，一直到新中国成立后，她也还有角色登上银幕，比如《猛河黎明》《青春的脚步》以及《青春之歌》。

也就在《渔光曲》拍摄的进程中，王人美结婚了，和金焰，那个著名的"电影皇帝"。他们很相似，年轻、有活力、真诚、质朴，都来自底层，都对事业有一种信仰，对人生怀着朴素的希望。那时候，金焰有许多影迷，有些女影迷给他写信，一写就是几万字，柔情绵绵。但在众多温软的女子当中，金焰的目光却落在了王人美身上。她显得那么不一样。她是那么泼辣大胆，又热情似火，她能穿着小皮裤、小皮靴，端着小猎枪，跟金焰一起去打猎，也能跟他去一起去跑步、游泳、骑马、打球……做一切疯狂的事情。他们很容易就玩到一块去了，那时金焰有个小汽车，是敞篷的，王人美就坐在车里，马达一发动，两人呼啸而去。早在明月歌舞团时期，金焰和王人美就认识，但直到合作《野玫瑰》，他们才尘埃落定，暗许今生。1934 年元旦，联华公司的新年晚会上，新年的钟声敲响，相恋三年的金焰和王人美，各自从口袋里掏出一个红色的绒牌，挂在纽扣上，然后由证婚人宣布两人结婚。就是这么素朴，但又是绝大的浪漫。

他们是彼此生命中的奇迹。这一年，金焰 24 岁，王人美 20 岁，

人生最大的幸运，不过是在最好的年华，遇见最美的彼此。他们一个是金童，一个是玉女，是标准的青春偶像，随便往哪儿一站，便是一道风景。王人美的朋友吕恩回忆说："我在上海的时候，有一次吃饭，我在楼底下吃饭。他们楼上，金焰跟王人美从楼上下来，王人美是一天到晚，也会唱歌的，王人美唱歌也唱得不错的……她就唱着歌从楼上下来，人家一看王人美跟金焰下来了，好家伙，吃饭的人都不吃饭了，都围上去了，就看他们。"他们永远是众人的焦点。

金焰是个传统的男人，可能更希望"男主外，女主内"的婚姻关系。结婚后，王人美也乐得为家庭付出，推掉了许多电影公司的邀约，从"野猫"变身"家猫"，乖乖做起了主妇。在王人美看来，金焰比她强，比她进步，所以她信任他，愿意听他的安排；此外，在内心深处，王人美也受传统思想的影响，认为"爱就是给"，她爱金焰，就愿意把一切交给金焰来安排，她就全身心地投入到家庭中来。但显然，他们都低估了婚姻中的困难。金焰拍《大路》的时候，

金焰、王人美及导演孙瑜

王人美怀孕临产,他只能抽空去陪她一天,便又返回片场。孩子生下来了,但8天后就死了,王人美也闹也怨,原本完整的感情开始出现小裂缝。没有孩子,为他们感情的断裂埋下了隐患。

　　抗战爆发后,金焰和王人美流转迁徙,受了不少苦,无论是大环境,还是小环境,都不再允许王人美待在家里做一个主妇。她想要争取点自己的事业,做一点力所能及的事。烽烟遍地,哀鸿遍野,她不甘心做家猫,而要跑到广大的世界中去。但这是金焰不大能接受的,在他的观念里,就是应该他养活她。她出去拼事业,在他看来多少有些喧宾夺主,本末倒置。他有他的自尊,她有她的自由和追求。她就是要参加进步社团大鹏剧社,就是去报考美军打字员来补贴家用。战火连天,他们的心情都很沉郁,他们冷静地想了想彼此的关系,终于在没有吵闹也没有泪水的平静中分手了。他们爱不爱对方?当然很爱,但正因为有了爱,有了为对方着想的种种考虑,才有了固执的冷战、对抗。曾经的恋人,如今的对手,纵然分手,心中还是有一道无法愈合的伤疤。后来,金焰和秦怡结了婚,王人美也找到了叶浅予,第二段婚姻,是他们人生悠远又平淡的常态,而最初的相恋,才是盛年顶顶华丽的音符。也许,错过,本身就是人生的一部分;遗憾,才能成就最美的回忆。

　　王人美是个闲不住的女子。跟金焰离婚后,她在行政院上海救济署当过英文打字员,也演电影。1947年,她在昆仑公司拍《关不住的春光》,1949年在香港拍《王氏四侠》。她努力做一个对社

王人美本色演出

会有用的人。王人美始终是乐观的、向上的、乐于改变的、有担当的。她对自己，总是严格要求——要求自己跟上时代，适应新环境，做到最好，她后半生所做的，远远超出了一个女演员的承受力。当时代的重担压在身上，她两度精神失常。1951年，她去安徽省怀远县沙沟区新尚乡参加土改，第二年因为肺结核回上海治疗，参加文艺整风。1952年5月，她精神失常，到北京接受治疗，11月病愈。1958年，40岁的王人美再度因为精神失常住院。1965年，她又被调往山西长治县苏店大队参加农村社会主义教育运动，1966年回京参加"文化大革命"。时代的洪流中，她也只是一艘颠簸的小船，她痛苦着，坚持着，不为别的，只为内心的平静与美好。"文化大革命"后期，他们这些被批判对象整天枯坐，又不许学习业务。王人美不愿白白浪费时光，便向人学习编灯罩、织杯子套，也学习糊顶棚、裱房间、修理电灯。她总是闲不住，总想做一些新的工作。

20世纪50年代，王人美曾经受到过批评，罪名之一是，"大朋友主义"。在上海时期，王人美就有许多朋友，那时候她是大明星，朋友很多理所当然，但到了晚年，王人美依旧有很多朋友——普通人朋友，则更多的是因为她对大家的照顾。她照顾老伴叶浅予，也照顾许多不该她照顾的人。仅举一例。王人美患脑血栓时，卧病在医院，探病的人当中，有个叫五嫂的老太太，泣不成声。病重的王人美扯开嗓子喊："你哭什么？你放心。我管你，我养你，我给你送终。"这位五嫂，原本是北影厂传达室工友的妻子。据说是王人美嫂子的姐姐的妯娌，1952年从湖南乡下进城，照顾过病中的王人美。"文化大革命"后期，五嫂成了寡妇，孤苦无依，王人美主动承担义务，每月从工资里拿出10元补贴五嫂，后来又把一张存单交给五嫂任意取用，直到1983年五嫂去世。王人美就是这么大气。

王人美说："我觉得我的人生道路就像一串螺旋，有时上升，有时折曲,弯弯曲曲。"她的前半生,是按照一个自然人去活,后半生,则是努力去适应"革命"。只是,她这只野猫,始终也没变成家猫,她身上那种原始的爆发力,即便在人生的黄昏,也还能爆发出来。64岁时,身患高血压的王人美,为了参加《雷雨》的演出,每天骑车横穿北京城:她身材娇小,梳着齐耳短发,流星般飞驰而过,对刺骨的北风不屑一顾。这就是王人美,她是个斗士,始终与生活搏斗。她的热情,仿佛火焰,只要星星一点,就能燎原。

相望 · 一个世纪的行云流水【@黎莉莉】

提起黎莉莉，头脑中立刻浮现一个词：健美。在那部著名的《体育皇后》里，黎莉莉穿着拼色泳装，系着时髦的白色腰带，戴着白泳帽，微笑着，肆无忌惮地伸展着双臂和大腿。这一形象，在20世纪30年代初的上海，仿佛一场台风，始一出现，就以一种强劲的力道，冲积着上海影坛浮靡又忧伤的空气。黎莉莉长相大气，但又不

大气的黎莉莉

乏女性的娇美，她不是尖脸的美女，她的脸有点圆，较为饱满，很有些西方女星的阔朗相，她很像一朵铿锵的玫瑰，而不是娇嫩的茉莉花。黎莉莉的银幕形象是积极的、健康的、向上的，她不是民国早期电影里那些凄凄惨惨戚戚的娇花弱柳，而是一株红花绿叶的美人蕉，在上海那片冲积平原上肆意蔓延、生长。黎莉莉是一个非常本色的演员，她去拍戏，很多时候，也是在演她自己，电影中的角

色，不过是帮她释放身体里那个原本就有的自己。黎莉莉说，我演戏只能本色演出，阮玲玉是什么都能演。也因此，阮玲玉是戏如人生，黎莉莉是人生如戏。

黎莉莉是那种充满生命活力的女子，她的原名叫钱蓁蓁，小名"小旺"。蓁蓁，意为生命力旺盛，最初的这个名字就仿佛黎莉莉的护身符，巧妙地保护着这个活蹦乱跳的女孩。黎莉莉的童年并不安定。她的父亲钱壮飞，被誉为"龙潭三杰"，是中共打入国民党内部的地下工作者，母亲张振华，也同样做地下工作。因为父母工作的特殊性，黎莉莉的童年是颠沛流离的，她去女校寄过宿住过北京孤儿工读园，还当过人家的养女，在戏班子学过戏。但黎莉莉似乎从未悲观，早年的动荡生活，非但没让她过早凋谢，反而把她磨砺得粗粗壮壮，皮皮实实，大人们在楼上开会，她就在楼下放哨，一有动静，立刻报告。她仿佛一个小小的向日葵，风来雨去，她低头不语；太阳升起，她立刻昂首挺立，吸去正面能量，日长夜大。所以，黎莉莉身上从来都有种正气，她在充满理想的家里长大，也自然没有了传统女子的那种柔弱，反而有了对生活的坚实信念和对未来的热情，她是一轮喷薄而出的太阳，乍现身，就把那些雾霭一扫而光。

黎莉莉是黎锦晖的"明月歌舞社"的学员。黎莉莉从小就爱跳舞，小时候没有舞台，她就在路灯下跳，现在舞台出现了，黎莉莉穿上演出服装，走上舞台，很快就跳出来一片天地。因为舞蹈方面比较突出，她很快就和王人美、胡茄、薛玲仙并成为明月

黎莉莉健康的少女形象

社"四大天王"。黎莉莉这个名字，也是从明月歌舞团里叫出来的：那时候黎锦晖带着几个女孩子住在新加坡，根据当地法律，这么混住是违法的，于是，黎锦晖就认钱蓁蓁为干女儿，这位钱家的女儿，便有了黎莉莉这个名字。黎莉莉，三个音都是"li"，不同的只是音调，那感觉仿佛是一个小女孩在玩跳房子，轻倩地从你身边掠过。

黎莉莉从来都是动态的，跳舞是她的强项，除此之外，她会骑马、开车、跳水、游泳，她是标准的运动健将。青年时代的她，圆圆的脸，茁壮的四肢，和旧时代大门不出二门不入的闺秀大异其趣。她是独领风骚的时代女性，是中国现代文化的一道美丽风景。明月歌舞团解散后，黎莉莉进入明月歌舞班，后来又进联华公司当演员。那时候，黎莉莉是"半工半读"，晚上拍戏，白天就去南洋高商学习。她每天拎着书包，带着网球拍，还经常出现在虹口的游泳池，她甚至在上海游泳场开幕式做跳水表演。她是个标准的体育明星。

黎莉莉的电影生涯起步很早。童年时期，因为父亲的职务之便，她曾在电影《燕山隐侠》中有过客串，她演父亲的妹妹，因为一场哭戏哭不出来，被妈妈一巴掌打下去，终于圆满完成"任务"。1932年，联华电影公司拍《火山情血》，剧本要求演员跳"呼啦舞"，结果没人会跳，除了黎莉莉，她不但会跳，还会唱。黎莉莉的表演，无疑是劈面惊艳的。她不是那种适合演太太、小姐式角色的演员，她只适合演她自己——一个充满活力的女学生。她虽然只比阮玲玉小了5岁，但感觉上，她们却是完完全全的两代人。黎莉莉是行云流水的，阮玲玉却是冰泉冷涩的。黎莉莉旺盛的活力，让所有的困难，在她面前都自动退去，她只是兀自长驱直入，找寻更好的人生。信仰让黎莉莉变得更加强大。

孙瑜是黎莉莉电影事业的领路人。孙瑜在拍《火山情血》时发现了黎莉莉，她的率真、自然的气质吸引了他。孙瑜曾经留学美国，

30 年代，他拍电影是有着明确的美学追求的。他想要为窒闷的影坛补充一些新鲜的空气，用一种文艺的、阳刚的、向上的东西，来冲击被武侠片和通俗言情片统治的旧格局。孙瑜拍《故都春梦》《野草闲花》《小玩意》，推出了一个崭新的阮玲玉，但阮玲玉显然是不能满足孙瑜的审美期待的，她太柔弱了，即使有反抗，也显得那么不堪一击，而黎莉莉的出现，则让孙瑜看到了希望。黎莉莉秀美的面容、结实的大腿，时时刻刻

"甜姐儿"黎莉莉

都在散发着一种向上的力与美。在拍完《小玩意》之后，孙瑜甚至不惜耗尽心思，为黎莉莉量身定做了一部《体育皇后》，全面凸显她健美的身躯与倔强的精神。孙瑜像黎莉莉的老师，也像黎莉莉的父亲，没事的时候，他总爱给她读诗、讲诗，但他更是黎莉莉活力之美的发现者。

运动健将黎莉莉

一部《体育皇后》，成就了黎莉莉在电影圈的位置。她的"现代"气质，完全被电影开发出来了。武侠神怪的癫狂，才子佳人的缠绵，鸳鸯蝴蝶的艳俗……阮玲玉的"古典"，王人美的"乡野"，似乎都不是五四以来的新女性身上最诱人的特质，唯有黎莉莉，把新一代"女生"的特质开发了出来。注意，是"女生"，她更像是一个阳光版的洛丽塔，一团火，赤着脚，穿着短裤，在

青青校树间跳跃。黎莉莉也因为此片得到了一个"甜姐儿"的称号，广受学生群体的欢迎。孙瑜是个很爱说教的电影导演，《体育皇后》讲一个女运动员的成长，也包裹着一个宏大的主题：体育救国。多少年过去，这个略微生硬的说教似乎不再能让观众信服，但黎莉莉那个摩登形象，却永远在那儿，雀跃得仿佛一个都市精灵。

在某种程度上，孙瑜可能是羡慕黎莉莉的，他自己是那么善感，甚至忧郁，也爱幻想，黎莉莉身上有种那他所没有的生命力。孙瑜后来拍《大路》，是个表现筑路工人的影片，拍得是那么阳刚。金焰、黎莉莉这些演员，在生命的旺盛程度上，是有些相似的。黎莉莉与孙瑜合作了6部电影。多年之后，黎莉莉谈起孙瑜之死时说："每次想到他，就像丢失了一件珍贵的东西那样———想找回来但又再也找不回来了，就是这样一种感觉。"

1936年，黎莉莉参演了联华的国防电影《狼山喋血记》，她演小玉，跟着大人一起上山打狼。这是一部寓言式的片子，村名象征中国人民，狼象征着侵略者。黎莉莉的抗战路似乎肇始于这部电影。黎莉莉是红色的后代，强烈的民族感情，使得她不像那些"顾虑过多"的女星，她是能提着包裹就走，全身心投入抗战的。上海

水中的黎莉莉

"八一三"淞沪抗战爆发后，黎莉莉没有去香港，也没有躲在孤岛寻求安全，她毫不犹豫地放弃了联华公司的工作，公司欠发的1000元薪金也不要了，立即投身抗战。她要去武汉拍抗战电影《热血忠魂》。

1937年可以说是黎莉莉的华丽转身，从前她是无忧无虑的女学生，战火燃起，她立刻换上短打，成了一名女战士。她是前驱的，昂扬的，无所畏惧的。偶尔她也有些忧伤，但那只是一瞬，民族的危亡让她来不及多想。她马不停蹄地拍着电影，为抗战出力，香港、重庆，《孤岛天堂》《塞上风云》，白天拍不了就晚上拍，敌人来轰炸，躲一躲，敌机一走继续拍。拍《孤岛天堂》时，黎莉莉怀有身孕，肚子一天大似一天，为了让镜头上看不出腹部鼓胀，拍戏前，黎莉莉总是把腰束起来——捆绑式演出，结果孩子生出来只有五斤多，生下来就取名"罗抗生"。生完孩子刚刚三天，黎莉莉就起床拍片，什么坐月子，什么带孩子，她都不管，抗战才是她心中最重要的。黎莉莉最佩服的女演员是英格丽·褒曼。1944年，黎莉莉应美国赫特演出公司的邀请，去演一部中国古装话剧《孤寂的心》，结识了褒曼。褒曼的正气令她折服，而恰巧，黎莉莉身上也有种正气。

黎莉莉的恋爱、结婚，也与抗战有关。在骨子里，她似乎更像一个男人，这在老上海那帮女明星里，是个异数。她追求的感情，不是花前月下，不是荣华富贵紧相随，也不是小富即安平平淡淡，她需要的是一种革命式情感，手拉手，肩并肩，走到最前线。在拍摄《热血忠魂》的时候，黎莉莉认识了电影厂技术副厂长罗静予。罗静予话不多，朴素，自学成才，也爱关心人，他主动把裤子送给黎莉莉。就这么简单，她便感动了。兵荒马乱，谁也不知道明天是什么样，黑夜里，一点小温暖，就足以让两个人走到一起。海角，天涯，内心的平静就是家。黎莉莉忽然想结婚了。1938年3月16日，著名女明星黎莉莉女士和罗静予举行了婚礼，简单、素朴、

黎莉莉宛若白莲

温馨。他们请郭沫若做证婚人，荷兰纪录片大师伊文思刚好也在，便在婚礼上致贺词。婚礼举行到一半，敌人来轰炸，防空警报长鸣，大家只好躲进防空洞。呵，外面战火纷飞，风雨琳琅，但防空洞内却只有两个人，慢慢靠近。战地的浪漫，不是所有人能懂，也不需要所有人懂。

黎莉莉拍《狼山喋血记》时，曾经与蓝苹合作，她们的关系，在后来经历了一个微妙的变化。不过，即便在后来，蓝苹在她眼中，也不是完全扭曲的。她依旧用很温馨的语调怀念曾经的日子，那个曾经想要拍电影的蓝苹。那时的蓝苹，和黎莉莉住同一间单身宿舍，大大咧咧，洗完衣服会挂满整个房间，衣服上的水滴到床上，会形成"地图"。黎莉莉不高兴，蓝苹会赔不是，买糖果往她手里塞。那时间的蓝苹普通话很好，但一着急也有山东口音，蓝苹一道歉，便把黎莉莉逗乐了……无邪的青春，曾经一起的日子，单纯、美好，与权力无关，与欲望无关。

黎莉莉很好学。抗战胜利后，她去美国深造，入华盛顿天主教大学学习表演，后来，她又去纽约学习语言和声乐，去加利福尼亚暑期班研习化妆，观摩好莱坞。在美国，黎莉莉的生活并不富裕，她常常需要靠教授华侨古诗词来维持生活。抗战胜利后，黎莉莉只拍了一部《智取华山》，后来入北京电影学院表演系教书，开启了自己的教师生涯。但不久，各种"运动"纷至沓来，黎莉莉和她的丈夫罗静予都受到了冲击，她被剃成了阴阳头，拉去游街。罗静予受不了巨大的折磨与侮辱，于一个寒冷的冬天自杀。黎莉莉熬了过来，迎来了新的春天。

黎莉莉的晚景不错。她又结婚了，与画家艾中信，他们是同龄人。他们一起看戏，一起散步，深入谈心，温暖了各自的晚景。艾先生生病了，黎莉莉便发动各种关系，请医学专家问他治病，艾先生笑说："我要为你们的莉莉老师修个庙。"艾先生曾经从天坛公园捡回来一些柏树种子，种在盆里，生根，发芽……艾先生去世后，黎莉莉每天在柏树前怀念他。有几幅艾先生创作的油画人像，一直挂在屋内。黎莉莉活到90岁，她晚年依旧时常关心电影。她说："我有时候看现在的电影，一个是露肚脐儿，一个是打架，没有什么思想……现在也要有现在的思想，完全为了商业是不行的！"黎莉莉从来认真，且又热情，她很像是一个障碍赛选手，跨过沟沟坎坎，跑出了一出传奇。

黎莉莉活力之美

声　明

由于本书所用图片涉及范围广，部分图片的版权所有者无法取得联系，请相关版权所有者看到图片后与浙江大学出版社联系，以便敬付稿酬。

来信请寄：浙江杭州西湖区天目山路148号浙江大学出版社人文事业部

邮编：310007

电话：0571-88273143

E-mail：zjupress@sina.cn